生死學叢書

傅偉勳 主編

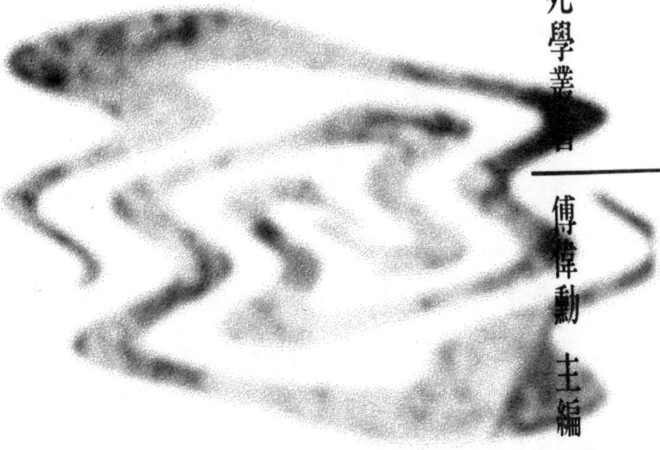

超越死亡

——未被發現的國土

霍華德・墨菲特 著／方蕙玲 譯

東大圖書公司

國家圖書館出版品預行編目資料

超越死亡：未被發現的國土／霍華德・墨菲特著；方蕙玲譯. --初版.--臺北市：東大發行：三民總經銷，民86

面；　公分.--(生死學叢書)

ISBN 957-19-2119-X（平裝）

1. 死亡　2. 靈魂論

216.9　　86007226

國際網路位址　http://sanmin.com.tw

© 超越死亡
——未被發現的國土

著作人　霍華德・墨菲特
譯者　方蕙玲
發行人　劉仲文
著作財產權人　東大圖書股份有限公司
臺北市復興北路三八六號
發行所　東大圖書股份有限公司
地址／臺北市復興北路三八六號
電話／五〇〇六六〇〇
郵撥／〇一〇七一七五──〇號
印刷所　東大圖書股份有限公司
總經銷　三民書局股份有限公司
門市部　復北店／臺北市復興北路三八六號
重南店／臺北市重慶南路一段六十一號
初版　中華民國八十六年七月
編號　E 19031
基本定價　肆元
行政院新聞局登記證局版臺業字第〇一九七號

ISBN 957-19-2119-X（平裝）

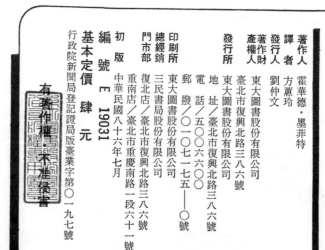

「生死學叢書」總序

兩年多前我根據剛患淋巴腺癌而險過生死大關的親身體驗，以及在敝校（美國費城州立）天普大學宗教學系所講授死亡教育(death education)課程的十年教學經驗，出版了《死亡的尊嚴與生命的尊嚴——從臨終精神醫學到現代生死學》一書，經由老友楊國樞教授等名流學者的強力推介，與臺北各大報章雜誌的大事報導，無形中成為推動我國死亡學(thanatology)或生死學(life-and-death studies)探索暨死亡教育運動的催化「經典之作」（引報章語），榮獲《聯合報》「讀書人」該年度非文學類最佳書獎，而我自己也獲得「死亡學大師」（《中國時報》）、「生死學大師」（《金石堂月報》）之類的奇妙頭銜，令我受寵若驚。

拙著所引起的讀者興趣與社會關注，似乎象徵著，我國已從高度的經濟發展與物質生活的片面提高，轉進開創（超世俗的）精神文化的準備階段，而國人似乎也開始悟覺到，涉及死亡問題或生死問題的高度精神性甚至宗教性探索的重大生命意義。這未嘗不是令人感到可喜可賀的社會文化嶄新趨勢。

配合此一趨勢，由具有基督教背景的馬偕醫院以及安寧照顧基金會所帶頭的安寧照顧運動，有了較有規模的進一步發展，而具有佛教背景的慈濟醫院與國泰醫院也隨後開始鼓動臨終關懷的重視關注。我自己也前後應邀，在馬偕醫院、雙蓮教會、慈濟醫院、國泰集團籌備的臨終關懷基金會第一屆募款大會、臺大醫學院、成功大學醫學院等處，環繞著醫療體制暨醫學教育改革課題，作了多次專題主講，特別強調於此世紀之交，轉化救治(cure)本位的傳統醫療觀為關懷照顧(care)本位的新時代醫療觀的迫切性。

在高等學府方面，國樞兄與余德慧教授（《張老師月刊》總編輯）也在臺大響應我對生死學探索與死亡教育的提倡，首度合開一門生死學課程。據報紙所載，選課學生極其踴躍，居然爆滿，出乎我們意料之外，與我五年前在成大文學院講堂專講死亡問題時，十分鐘內三分之一左右的聽眾中途離席的情景相比，令我感受良深。臺大生死學開課成功的盛況，也觸發了成功大學等校開設此一課程的機緣，相信在不久的將來，會與宗教（學）教育、通識教育等等，共同形成在人文社會科學課程與研究不可或缺的熱門學科。

我個人的生死學探索已跳過上述拙著較有個體死亡學(individual thanatology)偏重意味的初步階段，進入了「生死學三部曲」的思維高階段。根據我的新近著想，廣義的生死學應該包括以下三項。第一項是面對人類共同命運的死之挑戰，表現愛之關懷的（我在此刻所要強調的）「共命死亡學」（destiny-shared thanatology），探索內容極為廣泛，至少包括（涉及自殺、死刑、安樂死等等）死亡問題的法律學、倫理學探討，醫療倫理（學）、醫院體制暨醫學教育改革課題探討，（具有我國本土特色的）臨終精神醫學暨精神治療發展課題之研究，老齡化社會的福利政策及公益事業，死者遺囑的心理調節與精神安慰，「死亡美學」、「死亡文學」以及「死亡藝術」的領域開拓，（涉及腦死、植物人狀態的）「死亡」定義探討，有關死亡現象與觀念以及（有關墓葬等）死亡風俗的文化人類學、比較民俗學、比較神話學、比較宗教學、比較哲學、社會學等種種探索進路，不勝枚舉。

第二項是環繞著死後生命或死後世界奧祕探索的種種進路，至少包括神話學、宗教(學)、文學藝術、(超)心理學、科學宇宙觀、民間宗教(學)、文化人類學、比較文化學，以及哲學考察等等的進路。此類不同進路當可構成具有新世紀科際整合意味的探索理路。近二十年來愈行愈盛的歐美「新時代」(New Age)宗教運動、日本新（興）宗教運動，乃至臺灣當前的種種民間宗教活動盛況等等，都顯示著，隨著世俗界生活水準的提高改善，人類對於死後生命或死後世界（不論有否）的好奇與探索興趣有增無減，我們在下一世紀或許能夠獲致較有「突破性」的探索成果出來。

第三項是以「愛」的表現貫穿「生」與「死」的生死學探索，即從「死亡學」（狹義的生死學）轉到「生命學」，面對死的挑戰，重新肯定每一單獨實存的生命尊嚴與價值意義，而以「愛」的教育幫助每一單獨實存建立健全有益的生死觀與生死智慧。為此，現代人的生死學探索應該包括古今中外的典範人物有關生死學與生死智慧的言行研究，具有生死學深度的文學藝術作品研究，「生死美學」、「生死文學」、「生死哲學」等等的領域開拓，對於「後傳統」(post-traditional)的「宗教」本質與意義的深層探討等等。我認為，通過此類生死學的種種探索，我們應可建立適應我國本土的新世紀「心性體認本位」生死觀與生死智慧出來，有待我們大家共同探索，彼此分享。

依照上面所列三大項現代生死學的探索，這套叢書將以引介歐美日等先進國家有關死亡學或生死學的有益書籍為主，亦可收入本國學者較有份量的有關著作。本來已有兩三家出版商請我籌劃生死學叢書，但我再三考慮之後，主動向東大圖書公司董事長劉振強先生提出我的企劃。振強兄是多年來的出版界好友，深信我的叢書企劃有益於我國精神文化的創新發展，就立即很慷慨地點頭同意，對此我衷心表示敬意。

我已決定正式加入行將開辦的佛光大學人文社會科學學院教授陣容。籌備校長龔鵬程教授屢次促我企劃，可以算是世界第一所的生死學研究所(Institute of Life-and-Death Studies)之設立。希望生死學研究所及其有關的未來學術書刊出版，與我主編的此套生死學叢書兩相配合，推動我國此岸本土以及海峽彼岸開創新世紀生死學的探索理路出來。

一九九五年九月二十四日傅偉勳序於
中央研究院文哲所（研究講座訪問期間）

「生死學叢書」出版說明

本叢書由傅偉勳教授於民國八十四年九月為本公司策劃，旨在譯介歐美日等國有關生死學的重要著作，以為國內研究之參考。傅教授從百餘種相關著作中，精挑二十餘種，內容涵蓋生死學各個層面，期望能提供最完整的生死學研究之參考。傅教授一生熱心學術，對推動國內的生死學研究風氣，更是不遺餘力，貢獻良多。不幸他竟於民國八十五年十月十五日遽爾謝世，未能親見本叢書之全部完成。茲值本書出版之際，謹在此表達我們對他無限的景仰與懷念。

東大圖書公司編輯部　謹啟

前言

這本書呈現出自遠古以來，人類對於死亡的探索，那是件許多人曾經提到過，並且對之堅信不疑的，生命之中最偉大的祕密。莎士比亞曾十分貼切的將死亡描述成一個未知的國度，因為雖已有千萬人走向這片領域，但是卻沒有一位能像馬可波羅對遙遠中國的描述，或是哥倫布對遠方大西洋彼岸神祕國土的報導一般，在全身而退之後，對這片未知的領域有所描繪。

然而，從莎翁那個時代開始，關於這項古老祕密的調查研究工作，卻已經展露了一線曙光。的確，已經有些從死亡狀態回轉過來的人，曾短暫目睹到那道生死的界線，並將他們在那裏的所見、所聞以及所感都告訴了世人，而研究人員們也正不斷的搜集著這些經驗。

猶有甚者，另有一些跨越死亡界線一去不回的人，卻似乎也擁有一些方法或手段，能夠將死亡彼岸的消息傳送回來，告訴大家一些關於死後命運的事情。而心靈研究人員們對於這些事蹟，亦早已著手檢測，並分析這類證據約達一個世紀之久。

現代靈學以及心靈科學的發現，是如何將曠古以來的宗教信仰以及不同種族的傳統文化，做一番比較的呢？另外，除了早期人類的民族信仰研究之外，我們這裏也有一些曾經深入那未知的死亡國度，並且全身而退的近世旅人的報告。這些人在心靈能力的發展上，都具有非凡的成就。他們從事「死亡之旅」的方式，則被稱之為陰陽眼、靈魂出竅、預言，或在心靈層面上具有敏銳的洞察力及聽力。

每一位研究人員對於這片隱而不見的土地，所做的調查和研究，以及他在使用常人所能理解的方式，描繪出在那裡的所見所聞的能力高低等，大都有賴其個人心靈力量的強度，以及其所具有之文化背景。

然而，當來自各方的訊息報導，都被彙整在一起時，是否我們就能理所當然的認為，在現世生命的凋零之外，事實上，還有一處未被發現的國土？若果真如此，那麼將這些零散的訊息，拼湊成一塊當我們「跨越死亡的門檻」時，所樂於見到的合理而清晰的圖像，將會是件十分具有價值的事。而這一點，也正是目前我所嘗試要做的事。

我並不認為這份具有比較性質的研究工作，其結果會是明確的。對於人們一直感到興趣的死亡問題，以及它在與生命有關的理性概念上，所呈現出來的意義而言，這項比較工作，只是單純的展現出一份斷斷續續、涵蓋了一個人一生的研究報告。

我相信，這是一份首次彙集了世界各主要教義、暗示，以及經驗明證，並且對他們加以比較，找出其中可能具有的共通特性的研究報告。因此，對於那項無法規避、遲早要走上一程的死亡之旅，無疑的，它提供了一些有用的指導方針。

如果，這份報告對於人類最主要的目的地——死亡，同時還能提供一項或兩項指示的話，那就更好了。

然而，這份研究的主要目的，是要幫助一般人等以一種嶄新的，並且可能是更快樂的正確眼光，來看待生死的問題。如果它真能將一些糾纏著人類的恐懼轉移，並顯示出死亡實為人類的舊友，那麼這份努力，便將具有些許價值。因為，誠如法蘭西斯・夸爾司（Francis Quarles，英國宗教詩人—譯者按）所說的：「除非死亡是以陌生人的姿態來到，否則，它便佔不到任何的便宜。」

超越死亡
——未被發現的國土

目次

§第一章§

童年、教堂與聖經

雙親的指導

關於死亡這門課題，我們最早具備的觀念以及思想，通常是來自於我們的父母。這也就是說，我們在童年時期所接受、並且吸收的思想，往往會根深蒂固的伴隨著我們一生，成為心靈作用的條件(Mental Conditioning)。雖然如此，我卻不認為情況就是必然如此，特別是對於一顆習於探究、並且批判的心靈而言。

對我來說，關於死亡這項課題，我所接受的啟蒙教育是來自於我的母親，而她是一位具有虔誠宗教信仰的女性。因此她所傳授給我的，乃是基督教新教的基本教義，它的內容如下：

人們在死亡之後，將會沉睡於墓穴之中，一直到復活以及最後審判日的來臨。到了那一天，我們將站在上帝仲裁的寶座之前。而祂手中所持有的，則是一部記載了我們一生言行與思想的生命之書(The Book of Life)。如果這部記載精確的天上記錄，顯示出我們一生行善的話，那麼我們便能加入上帝右手邊的團體。若非如此，我們就將會被分配到上帝左手邊的那一群人之中。

那些位於上帝右手邊的人，將直接被送往天堂裏去，那是一座光輝燦爛的城池，有著大理石做成的宅院，以及黃金所鋪綴的街道。在那裏，人們將過著喜樂的生活。至於站在上帝左手邊，那些屬於不肯悔改的罪人等，則將會被投入充滿了硫磺與火燄的池水之中，在那裏承受著永遠的痛苦。

對我而言，既然清楚明白到自己是名罪人，那麼未來種種恐怖的前景，就應當會使我幼小的心靈充滿了恐懼才是。然而事實卻並非如此。也許，我是意指我母親並非如此吧！因為，雖然她本人是非常相信自己所接受的祖先教義的，但是就連我幼小的心靈都可以看出來，這些教義和她所遭遇到的個人經驗，可以說是格格不入、完全牴觸的。

舉例而言，當外婆在塔斯馬尼雅(Tasmania)的朗塞斯頓(Launceston)一地過世時，母親正在數哩之遙的小村落黑格雷(Hagley)附近。有一天下午，她看到天空呈現出一幕閃閃發光的影像，那是她的母親在天使的伴隨之下，冉冉向上飛昇的一幅圖像。煞時，她明白自己的母親已經過世了，而幾小時之後的一通電報，則證實了這一項消息。

不僅如此，每當家族中的某一位成員在遠方過世時，母親也常會聽到窗戶上有三下輕扣聲響，她總認為，這是死者逝去的靈魂在通知她這項消息。有一段時間裏，在這些奇怪的響聲之後，也總會傳來一些死亡的訊息。除了這類靈視、以及靈聽的經驗之外，母親有時還會感到近來去世、十分親密的親戚的靈魂，就出現站在離她不遠之處。

然而，如果所有的死人都在墓穴之中沉睡，那麼這類的事件，又是如何得以發生的呢？因此，在年齡稍長之後，我便拿這種矛盾的現象來責難母親。然而，她並不曾因此而試圖辯解，只是依然固守著自己父親曾教導她的教義，並且深信不移。

雖然如此，許多高尚的精神性教義，卻都是由母親，我的這位私人啟蒙教師所傳授給我的。其中有一些部份，例如上帝的全知全能，在經過中學以及大學生活的洗禮之後，便被我視為非常不夠理性而揚棄了。然而經過歲月的淘煉，在冥想的園地以及更為深刻的領悟之下，我終於能夠由一種新的角度，來看待母親所傳授給我的精神性教育，並且明白這些內容，其實正是如珠玉一般可貴的真理。

話雖如此，在我人生歷程當中屬於理性發揚的時代裏，我仍然拋棄了母親所教導過的一點：那就是墓穴中的沉睡，以及肉體的復活，並且從此再也沒有回頭接受過它。在畢生的尋求過程當中，無論是透過自古以來的宗教教義、不可思議事物的調查和現代研究所呈現出來的明證，或是個人的經驗等，我從未發現過任何足以說服我，並且證實這項不合理性的原始教義的真實性事物。但我卻發現到了肉體復活這個觀念，是如何、以及為什麼會發展出來的一些蛛絲馬跡。

教堂

儘管如此，在二十世紀的最後二十五年當中，某些基督教會堂卻依然傳授著這樣的教義，只是在主要論題上做了些微的變化。

曾經有座教會主張：「因為靈魂即是一個人的自身，因此，當這個人死亡的時候，死的其實是他的靈魂。靈魂，這個單單只是令一個人活下去的生命力量，在死亡時，亦將回歸賦予它能力的上帝那兒。只有上帝能夠收留這靈魂，能令此人再度復活。」

這座教會還指出，地獄不過是指墓穴罷了。在復活日來臨之時，人類共有的墓穴，將不再有毫無意識的死人。因為，他們將會還陽再生。其中有一些人將會以靈魂的姿態，被送往天國聖境。但大部份的人，則會被送到已修復的俗世樂園之中，去享受他們的生命。如果在這裏，他們能夠貫徹上帝的律法，那麼死亡便永遠不再發生。

但並非所有在普遍復活行動中復生的人，都會發現自己身在天國，或者是俗世的樂園當中。因為那些在復活之後被發現有罪的人，將「進入永恆的隔離」，不論這句話具有著什麼意義。

另一座教會則對死人將沉睡在墓穴之中，直到復活日來臨的這一項教義，提供了另一種不同的詮釋方式。他們認為，並非所有的人都能從死亡的狀態中復起，並且獲得新的生命。在復活日當天，只有那些以義為方的死者，會與所有在世的正義之士，和基督一起被接引到天國裏去。至於那些生前多行不義的死者，屆時將會與在世的不義之士（也就是那些立刻會被「基督的白光」殺死之人）為伍，在墓穴中再次經歷長達千年之久、並且毫無意識的等待。那時，地球將會處於破敗而無生命的狀態之下，而唯一的存有者便是魔鬼撒旦，他將在「可怕的疏離之中」，身處於自己所破壞的世界之中。

一千年之後，凡無意識躺在墓穴之中的，以及那些屍體早已經被埋葬、或以其他方式處理過了，不存在的邪惡之人，都將會再次復活。然後，他們將接受上帝的審判，以及隨之而來的毀滅之火。看來，這種使之復生，令其短暫還陽的毫無意義的存在，其目的，不過是要再次將他們打入烏有的狀態之中罷了。

同樣的，在一千年之後，地球也將在大火之中獲得淨化（這是否即是殲滅邪惡之人的那一場大火？）舊有的大地，將回復成原來的伊甸園美景，成為上帝的國土，以及人類永恆的居所。而那些已經享受天國聖境千年之久的義人，則可能會再次被帶往地球，也就是那個將成為第二個伊甸園，但這次卻不會有蛇來誘惑夏娃的地方；在那裡，上帝的律法會被遵守，而所有在此之人，也都將過著永遠快樂的日子。

遵循著上述手稿，並予以變化的基督新教派，通常被稱之為原教主義者(fundamentalist)，他們是屬於少數的一群。至於那多數的一群，則是被稱之為「主流」或「主線」的教會：例如，衛理公會(Methodist)、浸信會(Baptist)、公理會(Congregational)、長老會 (Presbytarian)、唯一神教會 (Unitarian)、路德教派 (Lutheran)、聖公會 (Episcopal) 以及英國國教 (Church of England)等。

近來，我和以上所陳述的大部份教會都曾有所接觸，為的就是要探尋一下他們目前對於來生這項問題的看法。然而經我詢問過的這些教會，卻都異口同聲的表示，在教會的教義之中，並沒有關於這項議題的討論，這一切，完全有賴教友們自己發展出相關的意見與信仰。因此，這些意見與信仰之間，便具有相當大的分歧性。

部份常上教堂做禮拜的主流派教友們，是認同於舊有的原教主義觀念的，也就是到世界末日來臨的那一天時，所有的人類都要接受上帝的審判。另一些人則承認，自己對於這項議題的確有所忽略。他們認為這是一項秘密，《聖經》當中對此談論的很少，因此，最好還是把一切都留待上帝來解決，至於我們，則只要堅信一切都不會有問題就可以了。

但有部份非但不能接受舊有原教主義的教義，同時又無法自教會中得到指引的教友們，則轉向於閱讀一些建基於心靈探索的非宗教性書籍。也許經由這種方式，他們能尋求到一線希望也說不定。

事實上，思想博大精深的神學家們，在《英國國教主義》(*Doctrine in the Church of England*, 一九三八年）這本現代最具有權威的書中承認，有關來生狀態的問題，其實就是指介於地上與天國之間的一個中介點，此外，對於所有人類都必須面對最後審判日的教義，在不同教會中呈現出相當紛歧的說法這一現象，他們也不表贊同。

某位英國國教的主教，在一九五二年舉行的一項會議中評論到：「我們已經否認了地獄的觀念，同時也喪失了對於天國的信仰，而只是將它視為一個稱心合意，但也許是虛構的、適合人類居住的鄰近地區……」

一些教士們曾對我說，他們並非真的相信有所謂的來生。另有些對於此一觀念，則只是抱持著一種模糊的樂觀主義。

毫無疑問的，「教會所屬心靈與靈魂研究會」(Churches’ Fellowship for Psychical and Spiritual Studies)，便是在舊有教義已無法為現代心靈所接受的情況之下，為彌平這個信仰的裂縫而設立的。在不同的名目之下，這種更加強調「心靈研究」的情況，已持續進行有數十年之久。至於這方面的研究，則主要是運用通靈或招魂的方式，來達到和「死者」溝通的目的。這個團體的成立，是由一些傑出的教士加以推動的，而這些具備了嚴格宗教信仰的牧師，在心靈研究上，亦已經獲得十分傑出的表現。他們的研究發現，與那些我們稍後會討論到的招魂術和非宗教性的心靈研究等，在在都呈現出異曲同工之妙。

羅馬天主教教會有一項教條，就是針對這個問題而產生的。這項條文雖取材自《聖經》，但其中卻含有早期秘教的痕跡。也許從某個角度來看，教會的信徒們，正是藉由心靈研究的調合，來實現其自我的。

羅馬教會表示，人類在死亡之後，靈魂要通過一項個別的審判，然後直接被送入天國、煉獄或者是地獄之中。

當所有的人都已經歷過塵世生活，而上帝的整個計畫亦昭然若揭之時，於是在世界末日來臨的那一天，將會舉行最後的審判。在審判活動進行之時，所有的靈魂，都會與他們在死亡之後所遺棄了的肉體，再度結合。

天堂被描述成一個永恆的仙境，在那兒，我們不但能與上帝同在，同時亦能與我們在世時所認識，並且鍾愛的人為伍；但必須是在他們同樣也保全了自己的靈魂的前提之下。在天國裏，上帝的出現撫平了我們心靈的傷痛，而我們亦將別無所求。從和上帝結合在一起的這個角度來看，我們將以個體存在的姿態，以一個更加完美、沒有內在衝突焦慮、沒有那些令我們在世時苦惱的欲望存在的姿態，繼續生活著。

羅馬教會表示，地獄同樣也是永恆的，它代表著永恆的苦難。如果人類選擇了不愛上帝，並且是在疏遠上帝的狀況之下死亡的，那麼對於自己永遠得不到幸福的悲慘命運，他們也只能說是咎由自取。

然而卻又有人問道，這種永恆的懲罰，和基督教所信仰的仁慈上帝，也就是那位如同基督在十字架上所教導與顯示眾人的一般，承諾要珍愛世人，並且要原諒祂的敵人的仁慈上帝，又如何能夠相提並論而不悖？

關於這個問題的答案，一位學識淵博，慈悲為懷的教士是這麼回答我的：「對於任何一位人類將永遠留在地獄中受苦這種說法，我並不十分的贊同。那是撒旦(Satan)以及墮落的天使所應得的命運。」我很想知道，到底有多少教士和他一樣，抱持著相同的觀點？教會確實已經有所讓步，承認「地獄就像天國一樣，還是一個外人所無法窺知的秘密。」

至於煉獄，這個在《聖經》或其他教會條文中都找不到的地方，則是靈魂要在此遭受一段痛苦時期的處所。而靈魂之所以要在此飽受折磨的目的，則是要淨化它們的罪，為能順利進入天國而預做準備。教會表示：「關於靈魂在煉獄之中，會遭受什麼樣的苦難這一點，我們可以說是所知甚微。唯一可以確定的是，這些靈魂都是上帝之友，而它們也都很樂意能待在煉獄之中，因為唯有如此，它們才能純潔無瑕的走向上帝，為進入祂的國度做充分的準備。」

羅馬教會指出，靈魂在煉獄這個中介點通過淨化的過程之後，便能在活人進行祈禱時，接收到其強而有力的協助，因此從早期的基督教開始，為死人祈禱便早已成為基督徒們的慣例。

雖然如此，教導人們在最後的復活與審判之前，靈魂將沉睡並呈現靜止狀態的那些教會，卻一定不會為已死之人祈禱。不過，羅馬天主教會卻引用了《舊約聖經》中的一段話，來為這項祈禱儀式正名。「為那些已死之人祈禱，乃是一件神聖而有助益之事，因為他們可能因此而脫離罪惡。」（《馬克比外傳》12:46）

遠古以來，為死者所舉行的祈禱和儀式，在人類的宗教和風俗習慣之中，便佔有舉足輕重的地位，例如對於印度人、埃及人、中國人、祆教徒，以及其他的人而言，即是如此。在本書其後的討論之中，我們將會看到不同的神秘教派，是如何將這類的風俗習慣保存下來的，因為根據稍後的說法，愛的波動和善的思想，能夠從這個世界散發出去，使得已死之人因此而獲得協助。藉由這些積極力量的幫助，已逝之人便能由境界較低的層次，提昇到層級較高，並且更為幸福的狀態。

雖然羅馬天主教用以上所述，或其他的一些方式，來贊同這類秘傳的教義，然而，如果從根據這類教義為求保證靈魂得以不朽，因而賦予肉體一些相當奇特的重要性這一點而言，他們之間則是完全不同的。

當最後的審判來臨時，無數個早已腐朽，並轉變為其他物質形式的肉體，為什麼又要再度和曾經擁有它的靈魂結合在一起呢？而靈魂又為什麼需要這樣的一種再結合？根據教義指出，這是因為靈魂在沒有肉體的支持之下，已經在精神層面存活了數千年之久的緣故。

至於再度復活的肉體將能擁有一些精神的性質，並因此令它得以跳脫由於物質性而產生的束縛與限制這一點，教會的確是曾這麼說過。換言之，在與靈魂再度結合的過程之中，它已經澈底的改變，不再是過去的肉體了。但是靈魂據推測以星靈體(Astral Bodies)以及心靈體(Mental Bodies)的狀態存在，不但具有更為細緻的特質，而且其存在是介於死亡與最後的審判之間，那麼又有什麼理由，使得靈魂還需要藉助轉化過的肉體，來完成不朽的個體存在呢？

這裡所呈現出來的，是一個無解的謎，因此當我和位於英格蘭的「天主教諮詢中心」(the

Catholie Enguiry Center)共同進行一項研究工作時，便曾要求一位導師，儘可能的對此有所說明。他的回信是這麼寫著：「關於人類的靈魂在世界末日來臨、肉體重新結合之前，在天國、煉獄或地獄之中，是如何繼續活下去這一點，我們並不十分的清楚。由啟示當中我們知道，存在誠然是屬於個人的，因此在世上的每一個人，都是以類似的方式覺察到自己的。」

我十分推崇這份回函所表現出來的謙遜以及誠實的精神，但它對於人類肉體在靈魂不朽這個問題上，所扮演的角色為何這一點，則無法提供任何足以撥雲見日的幫助。我認為，由這項教義的出處所提供的線索，以及它背後所持的理由等，也許可以從希伯來和基督教《聖經》當中，或是在其他宗教裏發現到。

聖經

《聖經傳道書》(*Ecclesiastics*)的作者寫道：「活人知道自己終將一死，但死人卻一無所知。」有些人把這一段解釋成為：死人沒有存在。然而，這一段話也許應當這麼說：死人在和活人接觸時，似乎顯得甚麼都不想知道，也或許是因為他們認為甚麼都不值得一聽的緣故。這已經是現代許多能行降神術的人，所共同具有的經驗，而且毫無疑問的，在古代的希伯來人當中，也有人具有這樣的經驗。

雖然如此，依舊有一些希伯來的預言家們指出，他們相信人死後靈魂仍然存在。其中一位是這麼寫的：「死亡應該被認為是義人應得的仁厚報償，但卻是毫無懺悔之意的人的恐怖災禍，它會將他們接引到該去的地方。」

根據希伯來的信仰，靈魂首先必須到一個叫做陰間(Sheol)的地方。這個字是由希臘文的Hades轉化而來的，而它的涵意，也確實和希臘觀念中的Hades相通，是指一個暗無天日、灰暗陰沈的地方。在那裡，死去的人們是以一種昏昏欲睡、半意識的狀態存在著。它既不是一個懲罰的場所，也不是一個幸福的地方。那裡是屬於中性、沒有色彩的，同時很明顯的，也沒有任何的目的或希望。

歷經數個世紀之後，這個觀念改變了，地府成了一個處罰的場所。無論如何，地獄(Gehenna)這個名稱指的是一個永遠苦難的地方，一個在硫磺和烈火交織形成的湖水之中，以永恆的火燄灼燒著靈魂的地方。

有些希伯來的預言家們對人們說過，有一項復活的行動，是針對著死人們而來的。例如，先知以賽亞 (Isaiah) 就曾經說過：「死人將要活起來……大地將把死人交出來。」(〈以賽亞書〉12:19) 但以理(Daniel)則說得更為明確：「睡在大地塵埃中的，必有多人復醒，其中有

得永生的，有受羞辱永遠被憎惡的。」（〈但以理書〉12:2）

這裡並沒有明確的指出死者的肉體將會復活，而是在概念之中，強烈的隱含了這樣的意義。關於肉體復活的信仰，在古代的閃族文化、以及現代的伊斯蘭教當中，都可以發現得到，甚至於在中國人早期的宗教信仰之中，也可以看到這樣的內容。這種信仰在心理學上的根源，也許可以從他們的風俗活動之中找到。

德・古儒特(J. J. M. de Groot)在《中國的宗教系統》(*The Religious System of China*)這本書中寫道：「野蠻人與半文明人等，通常將睡眠、昏厥，以及喪失意識等情況，解釋成因為身體內的主體不在之故。在人類文化學上，這是一項已經確定了的事實。」（奧祕的科學偶爾會同意這樣的概念。）古儒特解釋說，古代的中國人相信，遊蕩在外看不見的魂，可以藉由大聲喊叫，呼喚其名而加以召回。當一個人處於睡眠狀態、昏倒，或陷入昏迷之時，這類的呼喚，確實能將其魂魄喚回。有時候，當事人立刻就會甦醒過來，但有時候則須花費好幾個小時，甚至數日之久。

「當原始人類親眼見到，各種不同程度喪失意識的人，在許多情況之下，竟然由我們習慣上稱之為死亡的狀態之中再度復活時，自然難免會和其他的無意識狀態混淆在一起，並且推論在其他情況之下，當事人也應當會甦醒過來。甚至於在屍體已經變涼，或者腐敗的情形已經出現之時，他們依然懷抱著希望而不放棄。這種對已經毫無知覺的人類肉體的堅持，激勵著人們傾注全力的去將靈魂帶回。」人們會站在一個較為有利的制高點上，呼喚著逝者的名字，並且乞求或者命令其魂魄歸來。在古老的中國，這種叫魂的風俗習慣，是在屋頂上進行的。

即使在拖長聲音的叫喚之後，逝者的魂魄並未能回到肉體之內，人們卻依然相信，它終將依自己的意願而回來。由於這種期待與信仰，已經根深蒂固於古代中國人的心念之中，因此他們便嘗試以各種的方式，來杜絕屍體的腐爛與敗壞。而這種將肉體保存在適於靈魂再度回來的狀態的活動，在其風俗文化當中，便成為相當重要的一件事。

在歷史的長河以及文明的推進之下，這種死亡之後靈魂與肉體共存的古老信仰，早已經完全消聲匿跡了。但即使如此，由復活的信仰當中，所產生出來的大量風俗習慣，卻依然和死者魂魄仍徘徊於屍體附近，並且和屍體關係密切這樣的觀念，一起延伸到了現代。

根據一些文獻記載，早期的埃及人似乎也有肉體復活的信仰。但這種信仰，很快的便式微了。《埃及度亡經・阿尼神的資料》(*Egyptian Book of the Dead, Papyrus of Ani*)這本書的翻譯者華利斯・巴奇(E. A. Wallis Budge)指出：「對於人類朽壞的肉體將會再次復起這件事，我們其實無從得知。」

將屍體製作成木乃伊，與復活的觀念是完全無關的，它只是破壞自然物質體的一種儀式過程罷了，但這種保存死者外觀形象的嘗試，卻另有一種更為神秘的理由，這一點，我們將留待下一章中加以討論。

在《新約聖經》之中，我們發現耶穌基督對位於死亡之下，那個尚未被發現的國度，也並未能透露出更多的資料。祂只說在死亡之後，仍有一種確切的生命形式存在著。那時，人們將會依自己在塵世之中所種的因，決定其所具有的生命形態為何。因此對義人們而言，他們將會在天國享喜樂之生活，但是對邪惡之徒而言，則將在地獄遭受永恆的苦難。

然而，即使我們不是心理學家也可以發現到，像我們一般的大多數人，都既非是德性完美，也非十惡不赦之徒。因此，如果不適於立刻上天國得喜樂，或墮入地獄受苦難的話，那麼大多數沒有形體的靈魂，在死後又將何去何從呢？有一個介於兩者之間的地方嗎？耶穌對此並沒有任何的說明。

至於羅馬天主教教會的教義，就像稍早提到的一樣，是以煉獄這個取材自更早以前的前基督教(Pre-Christian)教義中的合理概念，來彌補上述這個裂縫的。而其他的教會，則大體上似乎已經安於現狀，不再理會這個問題了。對他們而言，如果煉獄這個字在《新約聖經》之中，也就是上帝的直接指示文字之中，並沒有被提到過的話，那麼，人們將它引介到基督教的教義之中，便是一項錯誤的行為。

對一般犯了許多錯誤，而且是犯了蓄意與疏忽之罪的人而言，進入天國的敲門磚，就是懺悔與贖罪。如果他能真誠的悔悟，並致力於過正當的生活，那麼仁厚慈悲的救世主將會令他復生，即使他無法做到盡善盡美，也將能進入天國。

但是，如果他不能誠實的面對自己，承認自己的罪行與所犯的錯誤，並且在死亡之前不能謙卑的尋求諒解的話，那麼他的命運又將會如何?看來，他似乎無法獲得「到那兒」去的第二次機會。如果他穿越了死亡的門徑，並且被判為無可救藥、冥頑不化的罪人時，那麼除了無底的地洞之外，他沒有任何地方可以去。沒有任何一個中介點，可以讓他努力的去淨化自己，進行拯救自己的工作。

因為受科學影響之故，這個概念對講求理性的現代心靈而言，似乎不是十分的合理。因此，許多有名無實的基督徒們，都和無神論者一樣，並不相信來世的真實性。甚至一些從事神職工作的人員，也都對古老《聖經》中有關這項論題的概念，抱持著一種懷疑的態度。同時，又因為對於來世以及不朽的問題而言，《聖經》是他們唯一的教科書，因此，他們似乎也感到茫然而不知所從。

這種情況，並不因為《新約聖經》對原始肉體復活的概念表示支持，而具有任何的助益。

事實上，在盛殮基督的墓穴中找不到其屍體的這則故事，已經把古老希伯來教義之中，關於復活的部分加以戲劇化了。然而，這樣的一種做法，卻同時也帶入了新的思想成份，並且提供了更為深刻的觀點。

舉例而言，這則故事附帶的呈現了基督復活的肉體，雖然它是自墓穴中轉移出來的，但卻不再像三天前被釘在十字架上的肉體一般，具有物理上的有限性。

當瑪麗(Mary Magdalene)看到基督復生了的身體，正站在離她不遠之處的花園時，她並沒有認出祂來，以為祂只不過是一位園丁罷了。而在前往愛墨斯(Emmaus)的路上，當耶穌加入兩位原來與祂十分親密的朋友行列之中，與他們並行、談天論地之時，他們也沒有認出這位過去他們知之甚詳的人物。然而就在這段長途旅行接近尾聲，當耶穌為他們的食物祈福之時，突然之間，他們竟認出這位旅途之中的伴侶是誰了。但緊接著，耶穌的肉體卻在剎那之間，從人們的眼前消失了。

在此之後的某次，耶穌昔日的一些門徒們，就在身處之船即將撞上礁石前，看到祂站在湖岸之旁，當時他們也沒能認出，這位和他們一起足跡遍及以色列山河大地的多年導師。但是，當祂奇蹟似的令他們的魚網盛滿了魚時，他們卻立刻認出來祂是誰了。

一具肉體，竟能使外觀做如此多的變化，不但能任意消失，也能在密閉的室內突然的出現，與其說它是肉體，不如說它更像是星靈體(Astral Body)，不但具有更為細緻的質料，更能形為心使，同時也比物質性的肉體具有更為強大的能力。在另一方面，復活了的耶穌雖和門徒們吃著相同的食物，但這並非是星靈體的特性，祂是要對他們證明，這就是他們所熟知的那副肉體，甚至還邀請他們檢證一下祂被釘在十字架上時，所留下來的傷痕，感受一下祂完全實在的肉體。最後，這個能拿起物體、會烹飪、能吃魚的實實在在的肉體，在耶穌昇天(Ascension)之時，像某種空靈之物一般，消失在大家的眼前。

聖保羅(Saint Paul)曾對現世的肉體與天國的肉體，自然的肉體與精神性的肉體，做過一番描寫。他將自然或現世的肉體比喻成一粒種籽，為了能從中復生出天國或精神性的肉體，因而要埋入土裡。舊有的軀體乃是可朽的，然而新的軀體卻是不朽的，充滿了力量與光輝。因此，透過他的教義可以得知，復活的並非是舊有的軀體，肉體的存有是指那粒種籽，那粒為使天國的肉體能自其中生發出來，因而腐朽了的種籽。

在就讀於學校以及主日學校，扮演著一名熟知《聖經》內容的學生時期裏，我在這些看似矛盾，並且相當奇怪的《聖經》秘密之中，找不到任何的答案。但在其後的生命歷程當中，我卻在基督教的復活故事裏，找到一些可能具有玄妙意義的暗示。

如果偉大的《聖經》故事，在歷史當中確曾發生過的話，那麼在這種情況之下，復活便確實具有其特殊的意義；然而，若只是從方法學的角度來看待此事的話，那麼，它就只是具有一些玄妙的意義而已。即使從歷史的角度來看，它們或許確實不曾發生過，但這些神話中的深刻含義，它們之所以會保存下來，其目的也就是要塑造出這項意義。

基督復活這件事較為玄妙的意義在於，神性的心靈已經徹底的統御了肉體。當耶穌那屬於人類較低層次的自我，終於被釘在精神之旅的十字架上，而其屬於神性的精神，亦由此一屬於肉體、並且可朽的墓穴中昇起之時，它的力量便能夠完全的發揮出來。因此事件而復活的這位嶄新的人類，將不只是其物質性肉體的主人，而是同時為所有現象的主宰者。祂具有充分的自由，能依其意願而待在塵世，或轉化為另一種更為精緻的存在狀態。

神性心靈（基督）由較低層次的自我當中出現這件事，也將會在歷史上出現過的所有人類的身上顯現，這種看法，正是印度精神性哲學的教義。然而一旦個人達到此一境界時（大部分的教義如是說），他便將如同基督一樣，遠離黑暗的地球，並攀昇至一個光輝燦爛的領域。

然而有位偉大的印度聖哲，彭地治利(Pondicherry)的奧羅賓多(Sri Aurobindo)，卻有另一種不同的看法，他介紹了另一種新的概念。他說，人類的進化，並不會在人類由塵世欲望中解脫時結束。因為進化的目的，並不是要從塵世中脫逃，而是要致力於人類的解放與自由。

當這項目的獲得相當的成就之時，人類就能透過其神性力量凌駕於質料力量的發展，使這個世界轉變成一個適合於諸神、適合神性生命的地方。而上帝在地上的王國，屆時亦將來臨。

一位偉大的印度學者迪威克爾(R. R. Diwaker)認為，奧羅賓多的目標，不僅是針對獨立個體本質的神性化，同時也包括了和他們自身所屬物理性質的共同轉化在內。人類今日所具備的心靈、生命，與物質材料，正在接受轉化成為一種更為細緻、更為靈敏，並且更為高貴的實體的嘗試，它能將人類的整個存有，帶入一個將由純粹知識「偉大的和諧、以及神佑所統理」的，更高的存在領域。❶

這的確都是些珍貴的概念，然而這麼一個屬於上帝的真正國度，看起來卻離這個塵世如此的遙遠。人類的神性心靈要花費多少世紀、幾千萬年的歲月，才能夠從由其慾望本性所形成的黑暗墓穴之中得到解脫呢？因此，人類唯有在超越其天生的奴役本質時，才能擁有統理、並且轉化其自然性的權能。只是，此時他是否會寧願選擇不進入這個神所庇佑的天國世界？

在基督教的復活故事當中，復活的耶穌昇上了一個更高的境界，這到底是真實的，或只是象徵性的？然而又有人說，祂依然還在這個世界上，並且以復活肉體所具有的權能，在役使著舊有的物質性軀體。

---

❶ 參照迪威克爾所著，一九六七年於孟買出版的《瑪哈瑜伽的奧羅賓多》(*Mahayogi Sri Aurobindo*)。

在耶穌所傳播的教義當中，有一項主要的教義是，雖然上帝的王國是存在於我們心內的，但在塵世之中，它依然能夠顯現出來。然而祂的門徒們卻認為，這句話的含義是，上帝的國度將緊跟著他們所處時代之後到來。有一些門徒甚至還期待那一日能提早來臨。

由耶穌所說的話中看來，祂似乎是認為上帝的國度，將會在祂說後數年之間到來，也就是距今兩千年前到來。

不過，也許祂所使用的是天上的時間單位，而非人間的。時間僅僅是一個計算單位而已，它會隨著不同的意識層次而有所改變。由古代一位印度國王找不到一位能和他女兒匹配的對象的故事當中，我們即可以看出這樣的一種時間改變是相當巨大的。在這則故事當中，雖然公主有許多的求婚者，但都不符合國王的要求。最後，他決定把他的問題交給梵天(Brahma)，也就是宇宙的創生者手上。

當這名國王緊握著女兒的手，來到了梵天居住的天界時，卻發現梵天正好有事在身（部分譯文說祂當時正在觀舞）。因此國王和公主便只好在那兒等著。然而數分鐘之後，梵天便召見他了，於是國王便將自己的問題提了出來，並要求梵天為他解決，幫公主找一位如意郎君。

梵天回答他說：「你在這兒等待的數分鐘裏，地上已經過了一個世紀。所有向你女兒求婚的人，都早已經死了。現在在地球上的黑天(Krishma)乃是神的化身，而祂的兄弟大力羅摩(Balarama)，將會成為你女兒的東床快婿。趁著時間還夠，趕快回去安排這一切吧。」

根據印度的概念，天上的一天，相當於地上的四十三億二千萬年。

我個人相信，空的墓穴這則象徵性的故事，確曾在大約兩千年前的巴勒斯坦(Palestine)地區上演過。然而藉助著它的表象意義，有些教會卻創造出一個令人混淆不清，又難於接受的教條。如果他們能檢視一下具有象徵性的神秘意義，也許便能分辨出有關於人類命運的，高尚精神性的事實。

然而在年輕的時候，我對於存在於《聖經》之中、依然隱藏在時間起源之處，可能具有的更深刻意義這一點，卻常感到百思不解。這些疑惑對於我研究死亡意義的工作，並沒能提供任何實質的幫助。

§第二章§

更寬廣的視野

誕生在教堂內是件好事，但死在教堂可就不怎麼好了。

聖薩提亞·賽巴巴（Sri Satya Sai Baba，印度教領袖之一——譯者按）

理性之門

在中學以及大學這二個階段裏，科學、邏輯、數學、人類學、古典文學以及其他的學科等，不但喚起了我的理性，同時也拓展了我的心靈視野。在新近發現的理性之門前，舊有的教義必然更加挺立或無法立足。結果它們大部分都被推翻了。舉例而言，死後的生命以及人類的不朽，就都無法在理性的運作之下獲得證明。

這段時期裏教導我們的物理老師說，物質(matter)乃是唯一真實的實體。它可以被測量、稱重，並且分析其基本結構。此外，它雖然可以轉變成其他的物質形式，但卻永遠不會被毀滅。至於生命以及意識的出現，則是由於物質偶然的變化而產生的。因此，哪裡有靈魂存在的空間？一旦肉體死亡了，整個心靈之上的組織，便都隨之而去了。雖然就像丁尼生(Tennyson，英國維多利亞時代最傑出的詩人——譯者按）所說的溪流一樣，人類仍將世世代代永遠的持續下去，然而就個體的存在而言，它卻會在死亡之際消逝。這就是我在一九二〇年代，為追求更進一步的學問而就讀於研究學院時期，所接觸到的唯物論哲學的思想核心。

當然，從那個時候開始，唯物論的龐大結構便已經遭受嚴重的動搖了。它的思想基石，也就是物質不滅定律，隨著第一次原子彈爆炸而瓦解了。而物質，這個固體的基礎性真實體，也早已經炸成子虛烏有，不過是個虛空罷了。

科學家說，即使一個原子彈能夠膨脹成一個足球場那麼大，它那充滿了陽電能的原子核，也不會比一粒豌豆更大，而運行在其四周廣大空間的陰電子，則比它更小。組成原子的這些主要的元素，會不斷迸裂成能量的形式，而這些形式的活動狀態，則一點也無法預期，同時也不具有任何的規律性。科學所說的合理性，似乎已經在原子這個範圍內被超越了。也許誠如勃拉亞茨基女士（Madama Blavastky，俄國女通神學家、著述家，曾與他人共創通神學會——譯者按）在上個世紀所寫的《神秘的學說》(*The Secret Doctrine*)這本書中所說的，原子乃是可以「無限分割」的吧！無論如何，我們所認為的原子，其實只不過是那些在廣大虛空當中，運行著獨特而不具邏輯性運動的能量形式而已。

然而這些概念，是無法令我在學生時代裏，所接觸到的那些自鳴得意、自大自滿的理性主義學者所接受的。倨傲的科學家們，和那些以新思潮的守護者自居的人們，將有關這種古老信念的蛛絲馬跡都一掃而空。

與我生長在同一時代的許多人們，都變成了無神論者。而我自己，則沒有這種一百八十度的轉變。我不知道這是受到早期環境或是某些深植在我內心觀念的影響。總之，我依然相信上帝、死後生命，以及人類靈魂不朽等信念所具有的可能性。獨斷的無神論對我而言，就好像武斷的教會學說一樣的不合理。因此，我成了一位不可知論者、一位發問者，以及一位尋求者。我之所以身披懷疑論的色彩，並非因為它是一種流行的學說，而是在通往真理的道路上，若和舊有神學的盲目信念比較起來，這似乎是較為安全的一條路罷。

原始的民族

「避開迷信的泥沼，穩穩的站在理性的路上」，科學哲學家們如是說。然而若要放棄千年來所累積的所有信念，那麼無疑的就好比是倒洗澡水，卻連嬰兒都一起扔出去了一般。因為一些具有無上價值的真理，也許正藏身於迷信的廢棄物之中。

人類學者們曾針對許多生存於上個世紀，而不為人知的原始民族做過研究，探尋這些生活於不同洲際大陸之上的人們，對於死後生命的問題是抱持何種看法。此外，考古學家們也從古代墓穴中所遺留下來的東西，推論出一些國家的早期未開化民族，對於靈魂的命運是持什麼樣的一種信仰態度。

十分有趣的是，實際上，遍及世界上的所有原始民族，都堅信有死後的生命。他們對於人類死後的幽靈，在自然界會呈現出什麼樣的狀態，它將往哪去，以及將過著什麼樣的生活等，都具有各自不同的觀念。至於死後存在的真實性這一點，對他們而言，則是無庸置疑的一件事。

現代的唯物論者可能會說，這種原始的信仰，乃是源自於人們心中對來世的渴望。然而，當我們看到在原始的來世觀念之中，往往是鬱悶多於歡樂時，便可以知道這樣的解釋是相當牽強附會的。原始民族在心靈上所認定的死後繼續存在著的，可能是指那種似乎大部份已逝的野蠻人都曾經歷過、被塵世束縛了的幽靈存在狀態。這種顯然是流離失所，存在於樹上、山洞內、河裏、海中、以及徘徊在自己墓地附近的存在狀態，絕不是一種令人羨慕的生活形態。因此人們心想，也許已逝之人會遭受到饑餓、焦渴，或是其他需求所造成的痛苦。也或許，它們會因為欲求的無法滿足而變得憤怒，並且心懷惡意。無論如何，許多原始部落的人們就像孩子們怕鬼一般，對自己祖先的幽靈感到心懷畏懼。

偉大的人類學家詹姆士・弗雷澤男爵(Sir James Frazer)曾指出，許多原始民族甚至於不敢提到死者的名諱，唯恐會因此而驚動了他們的幽靈。這種諱言死者名字的禁忌，可以由存在於古代的許多民族，以及現代澳洲原住民的嚴謹而不容觸犯的風俗習慣中發現到。

在有些部落裏，如果人們迫不得已要提到已死之人的名字時，他們會像耳語一般的帶過，並且希望死者的幽靈不會聽見。另外有一些部落裏，則即使是耳語，他們也絕不會使用死者的真實名字，而改以像是「迷失的這位」、以及「不在了的可憐傢伙」等用語代之。

這種對於死者所產生出來的原始性恐懼，不僅是呈現在上述此類禁忌當中，同時，也表現在以不同的儀式，定期驅逐固守於當地的幽靈的風俗習慣之中。例如，有一部分的澳洲黑人們，會每年一次驅逐當地已死之人的鬼魂。這項儀式的施行，不但使得活人能免除由死者所帶來的、長久積累下來不好的影響，同時也能使他們有一個嶄新的開始。一些早期基督教的傳教士們，會遵守這類每年一次、驅逐幽靈的儀典，以巨大的噪音、帶有華麗裝飾的手勢，以及戰爭的舞蹈動作等，來對抗這些看不見的敵人。

這種令人不太舒服、並且會造成問題的民俗信仰，很少是產生自對來生懷有渴望者的心理狀態。比較有可能的是，死後生命的信仰，乃是源自於一種直接的心靈感受。大家都知道，超感應性質的活動在原始社會當中，會比在尖端進步的現代社會更為活躍。理性心靈和智能在文明社會中所獲得的發展，似乎將人類所具有的自然心靈感官，推入了歷史的背景之中。

就像文明團體中非常少見的通靈人士一樣，許多原住民族毫無疑問的能感覺到、並且有時候還能看到他們已死族人幽靈的出現。關於死後生命依舊延續下去的這項事實，這些原住民的直覺提供了相當確實的知識，這和教會教義中所說的墓穴中沉睡的靈魂，可以說是完全不同。

原始非洲社會在受到基督教以及伊斯蘭教的影響之前，認為死人和活人都是一樣的真實。一個人在死後許多年，一直到他在活人的記憶之中慢慢消失之前，都被視為是當時人們所說的「活在世上的死人」。從某一方面來說，他們是介於那些仍擁有肉體的活人，以及一些早已辭世、去到一個更為遙遠之地的幽靈兩者之間的某個地方。

對非洲人而言，家族中那些「活在世上的死人」的繼續存在方式，是以直覺的內容呈現出來的。對他們而言，死人當中若有人出現在活人的面前，並非是一件令人相當愉快的事，因此，人們並不會給予幽靈誠摯的歡迎。雖然如此，他們依然會提供死者以食物，祭奠啤酒、牛奶、或是飲水等。這種象徵性的獻祭，構成了人們和「活在世上的死人」之間的友誼交流。

由於非洲人和其他某些原始民族一樣，通常並不會害怕死者，因此，他們相當尊重已死之人，也十分在意能否完成自己所接收到的指示，無論這項指示是來自於將死之人、或是他們死後的幽靈。非洲人認為，如果自己不這麼做的話，那麼這些「活在世上的死人」，便可能會因為憤怒，而帶給人們一些惡運或者疾病。他們甚至於還認為，如果這些已逝成員能受到完善的對待，那麼便可以成為人們與高級精神體、或是神之間的居間協調者。

當最後一位記得死者的人，即使是只記得他的名字的人過世之後，活在世上的死人便會轉向精神的領域而去。他的死亡過程至此全部完成。原屬於他的舊有的外觀、姓名、以及人格特質等都消失了，而他的個人不朽性也到此完全結束。

這意味著，現在的他已成了精神團體中的一員，並且不會再關心那些在世上的家人了。此時，如果這個精神體出現在人們的眼前，那麼它也是以一位陌生者的姿態出現的。不過，這種事通常很少發生。

約翰・姆勃提 (John S. Mbiti) 教授在其所著之《非洲宗教與哲學》(*African Religion and Philosophy*)這本書中寫道：「對於人們在死亡之後，生命仍持續存在的這種信仰，就我目前所知，在整個非洲社會之中都可以發現到。」

他繼續解釋說，非洲人對於來世的理解，是透過物質以及屬於自然界的語彙達成的。他們既不會對天堂抱持著希望，也不會對地獄懷有恐懼，更沒有什麼所謂精神發展的概念了。一般人所能達到的最高境界，就是精神體。但只有非常少數的精神體能成為神的夥伴，此外，也沒有天人合一的概念。然而，即使是一般的精神體，也能夠與神溝通，而且有時候還能代表活著的人與神聯繫。

埃及人

在埃及，尼羅河三角洲這片肥沃的土地，數千年來都被乾燥的沙漠所圍繞著。只要由這片每年生長三種綠色農作物的沖積土往外跨一步，你腳下所踩的，便會是棕褐色的沙漠之土。然而六千多年以來，這片不毛的乾燥沙地，卻獲得了相當卓越的運用成效。埃及人民將他們的死者埋葬在那裏，並且將葬禮的紀念碑也矗立在那裏。除了那些遭人為蓄意破壞的之外，所有的墓穴、墓穴中陪葬的物品、木乃伊與紀念碑等，時至今日，都完整的在沙石之中保存了下來。

在數千個開放的墓穴之中，有一些可以溯源至西元前四千五百年前，相當於埃及民族出現在石器時代的時間。在那些史前時代的埋葬地點當中，我們可以看到他們堅信擁有死後生命的各種跡象。而這種信仰，歷經漫長的歷史，將埃及宗教主要的內容給保存了下來。

就像其他的原始民族一樣，早期埃及人認為死者的靈魂依然待在、或者十分靠近這個世間。他們相信在接近地球之處，有一個稱之為伊羅(Earu)的地底世界，死者的幽靈便是生活在這個地方。在那裏，幽靈們需要一些過去在日常生活中所使用的東西。因此，他們的工具、武器、裝飾品，以及家中所使用的鍋碗瓢盆等所有補充物品，都會伴隨著屍體一起被埋葬、或放置入墓穴之中。

十分湊巧的，目前生活在利比亞(Libyan)沙漠之中的一些民族，依然保存著這種風俗活動。在第二次世界大戰這段期間，我曾在阿拉伯酋長的圓頂石墓當中，以及一般人的墓穴頂端，看到過一些工具、衣服和其他的物品。如今，人們已經不會因為相信靈魂在來世需要這些物品，而將這些風俗活動加以發揚光大了。通常舊有的一些習俗，會在原始的意義喪失許久之後，依然持續一段很長的時間。

史前的埃及人也認為死者將會遭受饑餓、焦渴等等的折磨，因此，他們會定期獻祭食物和其他的生活必需物品等。但很顯然的，他們並不像其他的原始民族一樣，那麼的懼怕他們的死者。事實上，在非常早期的埃及歷史當中，人們便能在某些建築於墳墓附近、或是頂端的特殊地方會見精神體，並且舉行例行性的獻祭活動。

隨著時間的演進，埃及人對於人類死後命運所持的想法，逐漸變得愈來愈形複雜。接著下來，這歷經變化的觀念，又和奧西里斯(Osiris)的傳說結合成為一體。奧西里斯是一位偉大的眾神之王，雖然曾經被自己的兄弟所加害過，但最後還是被妻子，同時也是自己姊妹的伊西斯(Isis)給救回陽世。然而他那具復活了的肉體，卻再也無法繼續擔當統治世人的工作了。於是，他便由大地之王，變成了冥界之王。

十分有趣的是，這個比耶穌復活事件的發生時間，還要早上許多年的帝王復活故事，並沒有像基督教的教義一樣，將埃及人帶往相信所有肉體最後終將復活的信仰路上。

簡單來說，埃及人相信除了死者的護衛靈(ka)，也就是和他埋葬的地點始終保持聯繫的實體之外，人類還具有另一個高級的精神體。這個精神體在奧西里斯的王國之中，擁有著更美好的未來生命。如果在埋葬一個人的同時，能夠對它施行適當的儀式的話，那麼透過某種奇特的方式，每一個人都會成為奧西里斯。人們對於那振翅飛向天上王國的高級精神體，就稱之為人類的「奧西里斯」。

一些埃及古物學者們認為，木乃伊屍體的保存，對於維持一個人的生命具有一定的重要性，因為根據奧西里斯的教義指出，逝者精神體所佔據的光彩奪目、半透明的包裹物（也就是它的形體），將會帶著原封不動的心靈與精神的屬性，由此一木乃伊中湧出。

一個人的奧西里斯，或可說是他光彩耀人的身體，是由他體內非肉體性的部分所組合而成的，它會凝聚成一個與其本人外表完全相像的樣子。尤有甚者，肉體所擁有的所有的榮耀，都將由奧西里斯、或稱之為高級的精神體所接收。因此，對於死者的精神體，也就是奧西里斯，以及被塵世所牽絆的護衛靈的福祉而言，以木乃伊的形式保存其自然的肉體，確有其必要性。

因此，由埃及人民信仰死後生命開始，有關這方面的觀念，便歷經千年一路發展下來。剛開始時，只有一個待在墓穴之中、需要祭品供養的單一護衛靈。然後，便形成了不只一個的精神體。此時，護衛靈仍待在較低的層次，而身魂(ba)則上昇到更為幸福的領域。然而，當身魂以一種更令人讚嘆的個別姿態在天國生活，並依然保持其在世時的外形時，令人十分難解的是，它仍然能與神性的奧西里斯合而為一。

對現代心靈而言，也許我們可以將它看成是一個奇怪的觀念大雜燴，但是在它的思想內容當中，卻回應、並且暗示了偉大的真理。我們將可以看到其後那些發展更為完善的觀念以及概念，是如何透過經驗明證以及更具備深度的教義，和古代埃及人的觀念搭上線的。換句話說，那來自未被發現國度的進一步報導，不但和先前的報導沒有相互矛盾之處，反而，還予以解釋、改良、並且加以擴充了。

希臘人、蘇格拉底和柏拉圖

有部分古代希臘人對於死亡的看法，和埃及人的觀念十分的類似，然而他們最為偉大的哲學家們，對此則另有更為深刻的見解。

希臘的死神名叫達那圖斯(Thanatos)，祂是睡眠之神希普諾斯(Hypnos)的孿生兄弟。對人類而言，將死亡與睡眠看成具有親密的關係，是再自然不過的事了。然而對希臘人而言，走向死亡的睡眠卻不是一種特別的赦免。相反的，它更像是一場不快樂的夢。死者靈魂在隨著卡龍（Charon，冥河上的船夫——譯者按）渡過冥河(Styx)的黑水之後，便住在一個和埃及的伊羅(Earu)、希伯來的陰間(Sheol)，以及其他原始人所想像的地底世界類似的地方，那是一個灰色、幽暗、充滿了迷霧，稱之為冥府(Hades)的地方。

冥府的居民們，是以一種昏昏欲睡、夢一般的狀態，亦即他們前身的蒼白影子的形態存在的。他們已經喪失了智力和勇氣，並且沒有目標、職業與希望。冥府是一所退休人員所住的沉悶房子。

然而逐漸的，關於地底世界的這個原始概念改變了，它變成是一個正義的所在之處。靈魂在到達那兒之後，必須先到一個由閻王哈德斯(Hades)、以及祂的三名陪審員所組合而成的法庭報到。

在接受審判之後，每一個靈魂都按其在世上之功過，各自接受應得之獎懲。最壞的人會被扔入地獄深淵裏；而其他的人，則會被引導到極樂世界(the Elysian Fields)裏去。

地獄深淵是一個三面環牆，一面環河的地方。在通往此處的大道上，有一扇鑽石做成的大門緊閉在那兒，其他方向的門則是用青銅做的。這個典型的地獄，對那些作惡多端的人而言，不啻是一個陰森的牢獄，特別是對那些犯了與上帝對抗之罪的人而言。在那裡，刑罰的種類既繁多又可怕。

然而在極樂世界裏，雪花、雨水以及風暴等，則都是聞所未聞的。只有輕柔的和風，永遠的吹拂著住在此一和平、幸福之域的正義善良的靈魂。

有極少數的靈魂在死亡的時候，能被提昇到奧林匹斯山(Olympus)的層次，他們將可以在此，與其所崇拜的不朽諸神永遠生活在一起。然而對大多數犯了許多小過錯的一般人而言，來世所帶來的，是恐懼多於希望。那絕對不是一個誘惑人的前景。即便如此，它的存在卻是無庸置疑的。

那位偉大的懷疑者、發問者，以及理性思想家蘇格拉底(Socrates)，對於人類在肉體死亡後仍然存在這一點，同樣也抱持著肯定的態度。在監獄之內，就在啜飲毒酒之前，他還泰然自若的談論著自己迫在眉睫的死亡，並表示自己的希望，便是提昇生命更勝於在人世中苟活。

「我們要如何殮葬你呢？」他的朋友克利圖(Crito)問。「如果你能牽絆住我的話，那麼隨你便。」蘇格拉底笑著回答說。他對在場的其他人解釋道：「我無法說服克利圖，告訴他我就是現在與各位說著話的蘇格拉底。他以為我是他將要看到，那位倒地死亡的人。雖然我處心積慮的解釋說，一旦我喝下毒酒，便出發到天國般幸福的境界，而不再與各位同在了，然而這一切努力對他而言，似乎都白費了。」

蘇格拉底最得意的門生，年少的柏拉圖，在大師死亡之時，也身處在這歷史性的場景之中。他在自己所寫的《費多》(*Phaedo*)篇章中，對當時在場的人們，做了詳盡的描述。他說，蘇格拉底對於自己的靈魂即將脫離它的牢獄，也就是肉體這一件事，感到期待並且雀躍不已。

來自蘇格拉底，這位被阿波羅神預言為當世最有智慧之人，他對於有關死亡的一些想法，是相當值得人們去加以研究的。他告訴朋友們，一旦有人死亡，此人在世時保護著他的守護靈，便會帶他到一個進行審判之處。在此接受審判之後，他又會被帶到一個已經指定了的地方，那是他在死後存在的最初階段裏，所應前往的地方。附帶一提的是，帕西民族(the Parsis)也曾說過，守護著一個人生命的守護天使，將會是他過渡到另一個世界時的嚮導。

蘇格拉底對他的聽眾說，凡是具有智慧、並且嚴守紀律的人，都會接受這名嚮導的指引。然而那些被自己的肉體、以及透過肉體而得到的歡愉所羈絆住之人，卻會在現象界徘徊很長的一段時間。只有在抗拒，並因此而遭受到痛苦之後，這類的靈魂才會由此世被帶離開來。

如果一個人在世的時候，能遠離而不被層次較低的慾望所污染，並且能接受愛、智慧、真理、以及正義的統理，那麼他死後的靈魂，便能很快的發現到自己身處在一個神聖的地方。蘇格拉底又說，的確，純潔的靈魂將會到達一個地方，「在那裏（如同他們所說的被引入領進的神秘之域），他們將會與神共度未來的時光。」然而，若要達到居住於聖地的目的，也只有那些在離開肉體之時，仍然保持著純潔的靈魂才辦得到。

至於被判在世時過著中庸生活，也就是不是非常好，但也不是非常壞的人，會待在一個地方接受一段時間的淨化。透過淨化過程所產生出來的痛苦，他們的罪便能逐漸的獲得寬恕。

這裏所說的淨化，即是羅馬天主教所謂的煉獄原型。

至於那些曾經犯過重大惡行的靈魂，則會被投入地獄的深淵，並且在那裡待上一段時間。然後，會有一條河將之帶往某個地點的附近，他們可以在此和在世時遭受他們迫害的人聯繫上。此時，這些曾經作惡多端的靈魂會大聲的哭泣，並且要求得到寬恕。如果他們果真獲得了寬恕，那麼就能獲准離開這一條河，而由此所產生的一切痛苦，也將會隨之停止。如若不能，那麼他們就將再次打轉於激流之中，並且必須接受地獄深淵所帶來的痛苦，直到有一天，那些曾經被他傷害過的人原諒他為止。

然而對某一些靈魂而言，由於其所犯的罪行實在是太恐怖、太令人厭惡、並且是難以根除的，因此只能被判沉淪在這一種極為邪惡的狀態之下。這類一度被扔下地獄深淵之中，但卻邪惡而毫無悔改之意的靈魂，將永遠浮現於激流之上。

這位老哲學家指出，為了能夠死得其所，並且擁有一個幸福的來生，一個人必須過著良善的生活。他必須盡可能的放棄欲望、熱情以及享樂等會令他眷戀肉體的活動。否則，他將很難離開此生，去到另一個死後的幸福世界。同樣的，一個仍然沈浸在充塞著肉體召喚的靈魂，也會「立刻墮入另一具肉體之中，並且在其中生根、成長。結果是，它將自絕於那些純潔、始終如一、並且神聖的友誼於外。」

在此，蘇格拉底觸及到了靈魂輪迴這個觀念，這似乎是古希臘與羅馬時代的許多偉大思想家們，所共同認定的一項真理。

這位哲人認為，沒有任何一種精確而詳盡的知識，足以說明此一偉大而未知的國度，他表示：「誠然，對於我所描述的這一切，任何一位具有理性的人，都應當抱持著一種懷疑的態度的，然而這些、或是某些類似於此者，卻都是死後靈魂所將要遭遇到的命運。」

他曾指出，要藉由類似於牢獄的人類身體，來獲取有關於實體(Reality)方面的知識，是多麼困難的一件事。他說，我們總以為透過自己的五官，可以對實體有所認知，卻不知這一切，卻都像是由我們身體所形成的牢獄牆上的裂縫往外看一樣，只能看到一些扭曲了的景觀，既受到限制，同時又是錯誤的。既然哲學（愛智）是企圖要使靈魂獲得完全的自由，於是他提醒我們「借助眼睛、耳朵、以及其他所有外在感官所得到的觀察，完全是靠不住的。」只有借助對那無法得見世界的洞察，靈魂才能得見實體，並且認識真理。

當蘇格拉底飲完毒酒，正等待著那帶向死亡的麻痹，由雙腳緩緩的蔓延到心臟之時，他以一種輕柔、但令人感到諷刺的憂慮，對著一屋子悲傷的朋友們說話。他最後的遺言也許聽起來有些莫測高深，但卻是清楚無比。

「克利圖——」他說：「我們應當獻祭給醫藥之神(Asclepius)一隻公雞。注意，別忘了。」

醫藥之神即將以死亡來治癒這位偉大的哲學家，並且將他的靈魂，由肉體牢獄所帶來的疾病以及痛苦之中解救出來。一隻獻祭的公雞，必然是對自己將完全治癒，表達一份感激之情吧。這就是世上最偉大的人之一，其思索死亡的方式。

節錄自柏拉圖作品的一則故事

蘇格拉底死後，柏拉圖寫了大約二十二篇戲劇性的哲學對話。在其中的許多篇章之中，蘇格拉底是以領袖群倫的角色出現的。我們很難、事實上也不太可能去清楚的畫分，哪些觀念是來自這位偉大的大師，哪些又是出自於柏拉圖自己的。

在古代希臘人理性心靈的發展上，表現得最好的，就在這兩位哲學家的身上。經由他們的努力，理性心靈得以突破心靈舊習的藩籬，在新的起始點上，成扇形狀態散開。雖然如此，柏拉圖卻清楚的指出，在對於生死這項超越性真理的追求活動中，即便是邏輯心靈這一個較為寬廣的領域，也必須加以超越。它的眼界必須同時旁及幻象、寓言、以及境界更高的直覺領域。由這些地方所獲得的暗示，也許能帶領我們通往另一處優美勝境，例如有關死後生命的真理。

在《理想國》(*The Republic*)這本書的第十卷裏，柏拉圖說了一個故事，這個故事在我和大多數的學生眼中看來，是一個具有寓言性質的故事。事實也許真是如此，但若從今日研究人員們所搜集到的瀕臨死亡經驗的觀點來看，這也可能是一個真實的故事。然而即便它是一項真實的經驗，故事中的許多材料，卻似乎是具有寓言性、或象徵性的意義。故事內容如下：

在一場規模龐大的戰役結束之後，所有陣亡的將士都被集中在一起埋葬。經過一段時間之後，所有的屍體都已經腐爛了，只有一具仍然保持完好如初。這具屍體被證實是阿孟紐的兒子，也就是士兵厄爾。無論如何，這具屍體和其他的屍體一起，被擺放在火葬的柴堆之上。

然而，就在他們要將他的軀體擺放上去時，厄爾卻忽然由火葬的柴堆上坐了起來。在親朋好友們一陣驚嚇、恐懼、錯愕、以及喜悅不已的情緒過後，厄爾對他們說了一個奇怪的故事。他似乎記得在臨床上稱之為死亡的這一段期間裏，發生在他身上所有的事情。

他說，當他在戰場上倒下來之後，靈魂似乎和其他的同伴一起到了一個神秘的地方。在那裏，他看到許多的靈魂被帶上前去接受審判。他說，在審判官的兩邊各有兩個門口、或是開口：兩個向右，兩個向左。有個人對他說，右邊的門口是通往天國世界的，一個是入口，另一個是出口。而左邊的那兩個門口，同樣也是出口和入口，但卻是通往地獄深淵的。

他注視著這一幕幕審判的景象，發覺到有許多靈魂被帶到右邊，有許多則被帶到左邊。

一段時間之後，厄爾萬分驚恐的被帶到審判官的面前。然而當他們對他說，這一次他不必接受審判時，他不但十分的驚訝，而且還鬆了一口氣。原來在這裡，他是以觀察員的身份出現的。因此，他必須仔細的看，並且要在重新回到人世之後，把所看到的一切都告訴世人。

於是厄爾站在一旁，對這在偉大的來世境界中上演的劇碼，仔細的觀察著。他很快的便留意到，在審判官兩側的出口處，有許多人川流不息的走出來。很明顯的，他們都是由天國、以及地獄深淵兩地回來的靈魂。他們在廣大的草原上，無拘無束的彼此混合在一起，厄爾似乎也身處其中。不但在他們之中走動，並且還和他們交談著。

有一些來自受罰之地的靈魂，或許已經在那兒度過了數千年的痛苦時光。對他們而言，這一切似乎永遠也不會結束。另一些來自天國的靈魂則對他說，在那裏他們曾經歷到種種不可思議的喜悅。他們在天國所獲得的幸福，似乎是他們所應得的十倍。

那些來自地底深淵的靈魂則描述說，不知有多少回，他們熱切的懷著獲釋的希望，來到出口的附近，不知有多少次聽到一個權威的聲音在前面吼叫著，拒絕了他們的自由。於是，他們又得被吸回地獄，接受進一步的折磨。其後，只要一接近出口，他們便會不由自主的，強烈害怕聽到那洪亮的聲音。因此，當他們發現到自己終於脫離地獄，獲得釋放之時，無不感到大喜過望。

他們和許多來自上面世界的靈魂，一起駐紮在寬廣的草原上，彼此交換著天國以及地獄的故事。

待在草原一段時間之後，包括厄爾在內的所有靈魂，便都轉移到另一個地方去，他們彼此都明白，此行是要回到陽世，重新再轉世投胎。而厄爾也理解到，是回到遺棄在戰場上，自己那副舊皮囊中去的時候了。

在回到塵世之旅的這個出發點上，厄爾親眼目睹了另一齣戲碼。每一位同行者都被集合到必然(Necessity)之女，也就是拉凱西斯（Lachesis，主管過去，決定人類命運的女神——譯者按）的前面。一位先知從她的膝上拿起一堆籤與牌子。牌子上記載著塵世生命的模式，可以供人選擇。至於籤的上面，則標示著號碼。

這位先知站在講臺上，對著群眾們解釋說，雖然是各憑運氣，但每一個人可以自行選擇其下一世生命的模式。號碼籤會被扔入人群之中，而每一個人都得撿拾起離自己最近的那隻籤碼。籤上的號碼，決定了他在選擇新生命形態時的先後順序。根據號碼的先後，第一號具有選擇的優先權，然後依此類推，直到所有的人都完成了選擇的工作。

然而，任何一個人都無需擔心落在腳前的是幾號，每個人都會有機會去選擇一個好的新生，因為給與人們選擇的生命型式，要遠較群聚於廣場上的人數為多。最重要的是，要非常審慎的鑑別、並且加以選擇。如果一個人任性、輕率，並且毫不仔細考慮的下了決定，那麼，日後他便不得埋怨上帝所賜給他的命運了。

現在，那位先知走了下來，將牌子放在地上，如此一來，每個人在號碼籤發放之前，便能有充裕的時間先行流覽、檢測這些生命的模式。和其他人一起圍繞著牌子觀看的厄爾，對牌子上所提供生命形式的種類繁多，感到印象十分的深刻。舉例而言，有權力、財富、名譽的生命形式；有具備德行、謙遜卑微的生命形態；也有罪惡、並享有肉體歡愉的生命。但是如果有人上前一些，仔細閱讀一下上頭的小字，那麼他就會發現到這些誘人而愉快的生命，都是要付出代價的。例如在龐大財富的後頭，緊接著的也許就是赤貧；而經年累月放縱在慾海的結果，就是長年遭受可怕的痛苦與煩惱。

在給予充分的時間之後，那位先知便將籤牌扔了出去，而每一個人也都撿拾起最靠近自己的那一支。厄爾注意到，拿到一號的那名幸運的靈魂，熱切的跳上前去，並且選擇了絕對專制的君主形態的生命。過了一會兒，他比較仔細的瞧了一下牌子上詳細的內容之後，發現到在擁有絕對的權力、以及施行殘暴的苛政這一段時期之後，將有難以形容的罪惡降臨到他的身上。其中之一是，他會被迫吃掉自己的骨肉。於是，他立刻悲嘆著自己的籤牌，怪罪諸神、怪罪命運、怪罪所有的事情，就是沒有怪罪自己。

厄爾觀察到的另一件有趣的事情是，整體看來，曾在地獄深淵遭受過長久痛苦的靈魂們，在許多來自天上的靈魂做出輕率、並且愚昧的選擇之時，卻往往做出了最為明智的抉擇。

在這項選擇活動的背後，另有一些也許是更為強而有力的影響，那就是靈魂各自的前世業力。舊習、憎恨、偏見、特殊才能、以及在記憶中過去所行的不義之事等，諸如此類的內容，如今在選擇來世的生命形式時，似乎都扮演了重要的角色。

舉例來說，當時也身處在群眾之中的尤利西斯（Ulysses，希臘神話中的一位英雄——譯者按），依然記得自己前世那沒有止盡的旅程、經歷過的冒險活動、虛幻不實的聲譽、以及多舛的運氣等，所帶給他的折磨，並因而選擇了默默無聞的下一世。他談到，即便是一號籤落在他的跟前，他也會做出相同的選擇。

在挑選活動結束，每一個人都知道自己所面對的，是什麼樣的生命內容之後，所有的人便出發前往「遺忘平原」，並且「在日落黃昏以前，紮營在遺忘之河(Lethe)的旁邊。」所有的人都由這條河裏取水來喝，有些喝的多，有些喝的少，並從而都遺忘了所有曾經發生過的事，並且昏昏沉沉的睡去。

由於厄爾並未被允許去掬一口遺忘之水來飲，因而得以清醒的看到這齣宇宙之劇的最後一幕。不久，有個像是雷聲一般的噪音出現，驚醒了所有沉睡著的人們。接下來，一些巨大的力量使得他們往不同的方向飄去。對厄爾而言，當他們快速的通向等待著自己轉世的子宮時，看起來就好像流星一般。

接下來，厄爾便什麼都不記得了，等到他睜開眼時，便發現到自己已經在火葬的柴堆上了。

所有「超越死亡」的經驗，都是在主體意識清醒的情況之下，滲透到其記憶與訴說內容之中的。因此這些報告的內容，往往受限於經驗主本身的文化背景、以及理解能力的高低。在厄爾的故事當中，有許多來自於他所屬古代希臘文化中的象徵符號、以及神話的角色在內。除此之外，基本上，它和今日所搜集到的一些瀕臨死亡的經驗，呈現出異曲同工之妙。

然而，這一則故事的獨特之處，是在於它包含了一場再生的劇情於內。我在學生時代時，根本無法接受這樣的內容。但在這之後，我卻把它視為是一項合理、可信，一般而言，是可以為人所接受的教條。它成立的勝算，可以說是相當的大。

但是，不論人們是否能接受再生的教義，一些富有價值的哲學真理，卻都在柏拉圖所說這則故事的最後一幕當中，予以戲劇化了。舉例而言，我們在世的生命旅程固然是取決於必然之女的膝上，但實際上，此處所欲彰顯的機緣的觀念，卻只在我們的生命之中，扮演著微不足道的角色；簡單的說，最重要的是，我們是自己命運的主人；是自己靈魂的統御者。這一則故事並沒有教人們說，所有的事情都是預設了的。只有我們的生命形式和大綱，是已經註定了的，但這卻又是出於我們自己的選擇。因此當我們沿著自己所選擇的命運軌跡一路前行時，其間的詳細內容，是由我們自己填入的。

因此，為了自己的不幸與所遭受到的痛苦而責備命運、星辰或者上帝是不對的，因為，我們自己就是它們的作者。而透過在時序上存在的組織架構、以及前世的存在——不論它是在地球、或是任何一處地方，來理解或接受這一項真理，則是比較容易的。

在理解前世這個觀念時，人們所遭遇到最大的障礙是，我們不記得任何有關於此的事情，即使我自己也是如此。這則故事當中的「遺忘平原」，以及掬飲遺忘之河的水等，其實正象徵著與這類前世記憶之間的割裂。在說明為什麼為了新生的最佳利益，我們必須遺忘過往的所有記憶這一點上，拉丁詩人維吉爾(Virgil)提供了數項理由。

來自那一瓢之飲的再生者，將不復了解
過去的記憶或對命定苦難的恐懼：
因為所有過往的痛苦都將獲得寬恕，
遺忘了他們的生生世世而再度復生。

秘教

在蘇格拉底死前和朋友的談話當中，他曾不只一次的提到「秘教」一辭。然而對此，他並沒能十分詳盡的加以說明。由於秘教本身所具有的獨特性，它在古代世界裏，是非公開的一部書卷。被傳授這一門知識的人，都得宣示保守這一項秘密，違者處死，因為他們認為這項知識的獲得是非常神聖的：在卑劣的傢伙面前，是絕不容投擲珍珠的。

然而無可避免的，在時間遞演的過程當中，依然有相當數量的訊息洩露了出來，透過古代作品的評論與考古學上的發現，我們對於古人在生死意義這方面的傳授，可以獲得一些雖不夠詳細，但卻十分普遍的觀念。

秘教的發展中心，存在於古代的埃及、希臘、與其他的國家。身為秘教會員之一的希羅多德(Herodotus)曾寫道：「雖然我十分嫻熟於這些事情的詳細內容，但仍然必須審慎的遵守保持緘默。」西賽羅(Cicero)雖然也曾讚美過這些教義，但同樣並沒有透露出它的詳情：「在秘教組織裏，我們理解到生命的真實原理，不只學會了快樂的生活，同時也學到了帶著更為美好的希望而死亡。」

然而其他一些作者，則提供了比較多一點的詳情，這使得我們可以將發生過的事串聯起來，並且能對這些教義做一些區分的工作。

伊留西斯(Eleusis)，這個位於雅典(Athens)附近的城市，也許正是秘教最大、也是最著名的中心。因為有兩千個以上來自古代世界各地的人們，想要到此尋求加入。這些候選人員之中，不乏有一流的哲學家與作家，甚至有許多還是羅馬的君主。然而這種屬於俗世的權力，對於申請入會，可以說是一點助益也沒有。例如，尼祿王（Nero，羅馬帝國的暴君——譯者按）就曾經被伊留西斯的牧師給不留餘地的回絕了，而所有的帝王候選人當中，只有哈德連（Hadrian，羅馬皇帝——譯者按）通過了獲准入會的三項審核。

在伊留西斯當地，所有儀式、典禮以及啟示等，都建基在有關於迪米特(Demeter)、以及她的女兒佩兒西鳳(Persephone)的希臘神話。這則故事的開始是，少女佩兒西鳳正快樂的在雅帝佳（或西西里、阿卡第亞、或克里特——關於它的所在位置有相當多種不同的說法）充滿陽光的草原上摘花。忽然間，地面裂開了一個大洞：冥府閻王出現在陽光之下，駕著祂的黑色馬車，將她擄去了地底王國。

迪米特，這位司職肥沃大地、玉米園，一般被視為大地之母的女神，四處尋找著她的女兒佩兒西鳳。最後，當她知道女兒已被綁架的真相之後，便動身前往奧林匹斯諸神的領袖宙斯(Zeus)那兒去。宙斯是迪米特的兄弟，佩兒西鳳的父親。然而，相當符合奧林匹斯那黑手黨般道德律則的是，宙斯似乎早就和冥王有了卑鄙的交易，是祂允准冥王綁架自己女兒的，因此，祂拒絕對迪米特提供任何的援助。

於是，這位大地之母便只好採取焦土的策略。在她的儀旨之下，所有的植物都凋謝了，並且整年都沒有收成到一種農作物。這種情況如果持續下去的話，那麼所有的生靈都將要自地球上消失了。奧林匹斯諸神都感到驚愕不已，並且開始警覺到事情的嚴重性。於是宙斯屈服了。祂派了一名信差到冥府去，要冥王將佩兒西鳳送還給她的母親。冥王答應了祂的要求，但卻狡滑的在把年輕妻子送回地上之前，慫恿她吃了結自於死亡果園的石榴種子七粒。這意謂著，佩兒西鳳必須再回到地底世界裏去。

最後，他們達成了一項協議，那就是佩兒西鳳每年得以待在母親的身旁九個月，另外的三個月，則必須和冥王在一起，留在充斥著灰色迷霧的地底王國。

在伊留西斯，迪米特見著了她歸來的女兒，並且欣喜的擁抱著她。於是在回到奧林匹斯山之前，她就在伊留西斯當地，指導一些曾參與搜尋她女兒行列的人類朋友們，如何施行對她的崇拜禮。也因此，秘教是始於伊留西斯當地的。

在表面上，這則神話是以和四季有關的素樸姿態出現的。當佩兒西鳳下去地獄時，冬天來了，植物都凋零了，而由於她的歸來，萬物又在春天展露出蓬勃的生氣。然而對神秘主義者而言，這一則神話有著更為深刻的象徵性意義，而這個意義，則正是秘教所欲彰顯的。

根據這個較為深刻的詮釋所言，這則神話成了靈魂墮落到肉體之中，然後有一段時間會由塵世再回到光明的世界中去，以及反覆不已再生到肉體監獄、和由物理質料所構築而成的黑暗世界中去等內容的寓言。於是在這則寓言之中，少女初次玩耍的充滿陽光、花團錦簇的大地，便成了靈魂真正精神歸宿的象徵。而佩兒西鳳是象徵著人類的靈魂，冥王則象徵著靈魂曾一度待在那裡、又必須不斷回去的人世。

在這則神話當中，如果佩兒西鳳沒有吃下那七粒石榴子的話，她就可以永遠的留在自己真正的家。這正好像人類那賦了形的靈魂，在品嚐到了塵世之中七種死亡之罪的滋味之後，肉體欲望便因此而甦醒了過來，於是這些欲望便一次又一次的，一再的將靈魂喚召回去。

迪米特象徵著神性之母，由於她偉大的愛，靈魂於是得以借助於死亡，暫時的由人世的束縛之中脫逃出來，上昇到較高的境界。而她待在天上的時日，也因此能比待在由血肉之軀所形成的牢獄中的時間，要來得長一些。是故，這齣禮拜儀式的劇碼所要教導人們的是，死亡將把由監獄之中解放的靈魂，帶往更幸福的生命形態中去。雖然如此，靈魂卻因為受到塵世慾望的漬染，因此還是會回到塵世之中去。對石榴子滋味的記憶，將會再把她召喚回去。

因此靈魂在最後的解脫階段完成之前，必須設法將人世的滋味清除殆盡，而情緒上的執著、對世俗快樂的渴望等，也都必須被抹去。

古代世界中的兩名偉大哲學家，不但都是秘教的成員，同時對於塵世生命完全是死亡的形式這一個觀念，也雙雙有所回應。畢達哥拉斯(Pythagoras)曾說：「當我們清醒時，不論所看到的是什麼，都是死亡。」而柏拉圖則稱肉體為「靈魂的埋葬處」。

在秘教之中，迪米特的戲曲除了法定的解釋之外，很明顯的，還具有啟示的意味。有一些作家則認為，這位女神對旁觀的觀眾而言，透露出人類未來生命的榮耀與秘密。

柏拉圖在〈斐德羅〉篇(Phaedrus)中說：「由於這神聖的入門知識，我們變成了那個完整、單純、不移，並且幸福的景觀的目擊者，成了純粹之光中的居民。」

另有一些加入秘教的會員，曾對於神聖之光中的景觀有所描寫。浦洛克洛斯（Proclus，希臘哲學家——譯者按）即曾說過：「在所有的入門知識與秘密之中，諸神都化身為許多不同的角色，以不同的外形出現，有時候，祂們那沒有形式的光體，的確是會出現在視線之內；這道光有時和人類的形體相符，有時候則進一步化為不同的形狀。」

因此學習此道者，似乎都曾經被授予印度精神哲學中所教授的偉大真理：上帝能以純粹的、沒有形式的光(jyoti)的形態出現，但也能採用祂所選擇的任何形式。

一些作家們曾這麼說過，秘教之中較為資深的會員們，曾接觸到以下的教義，那就是奧林匹斯的諸神們，曾經也是塵世中可朽的生靈。這項偉大課程所提供給我們的內容是，人類的靈魂可以由塵世的痛苦或地獄的悲慘生活中，進展到諸神般的幸福境界以及豐富的生命。這一點和印度教義（出自Yogavasisthta）中所傳授的，形式和名稱之神（層次比較高的和層次比較低的神）都曾經是人類的說法，兩者乃是互通的。這些神曾歷經千萬年的時間，才得以進化到如今的高位。

因此，以拓寬了的視野來看，我發現到由原始人單純的智力，到古代文明的偉大心靈這一段歷程當中，人們對於死後生命都懷有著不變的信仰。這種由太古時期傳下來，為那些具有柏拉圖、畢達哥拉斯之才的人們所接受的純正信仰，必須是來自超越理性的知識與智慧。然而，我是一個身處在破除迷信的理性時代裏的人，單單靠著信念去接受任何的事物，對我來說是十分困難的一件事。在我的研究內容當中，我需要由我自己、或由那些無法令我懷疑其操守的人所搜集而來的一些經驗性的證明。

§第三章§

歸來的旅人

若他們不聽從摩西和先知的話，就算有人從死裏復活，他們也是不信服的。

路加福音 16:31

個人的發現

浪跡於世的這些年來，我內心懷著「不可知論」，不斷小心留意是否有我所尋找的任何證據出現。雖然有其他的事情，而且是許多的事情佔據了我的心靈活動中心，但尋找生死意義的意念，卻一直無時不已的潛伏在心靈深處，那是我在寂靜時分所聆聽的主要旋律。雖然如此，當世界由艱困的三〇年代，推移到四〇年代、以及極具毀滅性的第二次世界大戰時，這種聆聽內在旋律的時刻，卻越來越減少了。然而接下來，有關於生死的這項議題，在大眾的心靈上越來越具有份量，而精神主義也漸漸的在社會上蔚為風潮。

在中東與歐洲前線的戰場上，死亡變成了一個我所熟悉的角色，然而對於它所虜獲的那些靈魂，其死後命運如何這一點，卻始終維持著一貫莫測高深的立場。一顆子彈的造訪，難道就意味著早餐時還和你有說有笑的同伴，其生命的全然終止？還是他已經步向其他某一個領域去了？

西元一九四二年時，我在巴勒斯坦地區待了有數月之久，在那兒，我和來自英國南部鄉村地區的比爾・漢德(Bill Hand) 成了朋友。比爾是一位英俊、運動型的人，他把所有休閒的時間，都花費在諸如游泳、騎馬等追求健康的事情之上。有一天，當我們一起坐在游泳池畔時，我問他是否相信死後的生命？當時我預期自己會得到一個不感興趣、或十分懷疑的回答內容。

但他竟毫不猶豫的回答我說：「我父親在我年幼的時候就死了，但我時常聽到他對我說話的聲音。事實上在年輕的時候，每當我外出到英格蘭的田野或樹林中漫遊時，我們總是進行長時間的交談。是的，我當然相信死後的生命。」

令人奇怪的是，這位被某一位軍官袍澤戲稱為「健美先生」的比爾，竟然是會通靈的，並且對於困擾我如此之深的任何問題，一點也不感到懷疑。

不久之後，就在與第八軍團一起待在非洲沙漠時，我和一位美國的戰事特派員漢克・戈瑞爾(Hank Gorrell)，曾有過一次類似的談話。當時，他和我在沿著瑟蒂灣(Gulf of Surti)的空曠沙地上，一起渡過了一個寂寞的耶誕節。就在傍晚時分的沙漠夜色之下，我們曾經討論過對所有事情的看法，並因此成了親密的朋友。

從外表看來，漢克是一位倔強、喜歡吹噓的傢伙，對於自己曾經參與英國皇家空軍在那不勒斯(Naples)展開空襲的那一場戰役，感到相當的自豪。當時，他所乘坐的那一架轟炸機受到了敵軍的重創，同機的人非死即傷。最後飛機搖搖欲墜的飛回位於非洲的基地去。漢克被解救了，並對於自己能撿回一條老命、以及這段以他為主角的故事而感激不已。在埃及的亞歷山大港(Alexandria)停留了一段時日之後，他便又回到例行的工作崗位上，和沙漠軍團待在一起。

由於耶誕節的緣故，沙漠前線戰場的戰事稍歇，因此漢克與我便拿出他由埃及帶來的一些梅子、布丁，以及一瓶威士忌酒，來慶祝這一個歡樂的季節。

那天傍晚，星空低垂，彷彿在湛藍天空下掛著盞盞的明燈，我大膽的對他提出了有關生死的問題，並問他對此有何看法。

他啜飲了一口杯中的威士忌酒，仰望著沙地之上的一彎新月，帶點歉意的說道：「就在幾個晚上以前，我躺在亞歷山大港的賽西爾飯店的床上。午夜時分的時候，有個什麼東西驚醒了我，令我十分訝異的是，我竟然看到死去的父親站在我的床邊。當時屋子裏漆黑一片，但他卻渾身閃閃發光。

「你知道嗎，我老爹過世有好些年了。我以為自己一定是因為身處在暗的地方，所以眼睛有些花了。因此我打開了床頭燈，卻發現自己依然可以看得到他。我開開關關了好幾次，試著要排除眼前的幻像，不論那是個什麼東西。

「然後，我父親說話了。『兒子，我知道你是在試看看我是否真的在這兒。我的確是好端端的在這兒。就是在那不勒斯上空的飛機裏，我也是和你在一起，保護著你，以免你受到任何的傷害。不論有什麼事發生，孩子，別怕。我將會一直保護著你。』

「那確實是我父親的聲音，溫和、低沉，就像以前一樣。他活著的時候，就像那一天一樣，也時常叫我孩子。而當他繼續以個人獨特的方式說話的時候，有一些他說話時所慣有的形式，竟使得我不得不相信他就是我的父親。

「還有一件很奇怪的事是，當時房間變得非常的冷，就好像我父親的鬼魂能把溫度降低似的。我發現到自己在發抖。因為緊張和壓力的關係，我煙一根接一根的抽著。

「我不知道他到底待了有多久，但是最後，他就好像在我眼前消失了一般。我把頭埋在毯子底下，試著要再睡著，但卻因為寒冷和震驚而不停的發抖。

「第二天早上，我起床的第一件事，就是去看床頭櫃上的煙灰缸，裏頭滿滿的都是煙蒂和才抽了一半的香煙。於是我相當確定，這一次令人困擾的經驗是真的。同時，由於我爹所帶來的凍死人的冷氣團，我得了感冒。你可以明顯的看出，我直到現在都還在流鼻涕呢！

「如果你是在這件事發生之前問我這個問題的話，我可能會說對於死後生命的信仰，純粹是一種迷信，或是癡人說夢。但現在我明白，死亡並非就是結束。在我投宿在賽西爾飯店的某個晚上，我父親確曾活生生的出現在我的眼前。」

這倆位像哈姆雷特（Hamlet，莎翁劇作《王子復仇記》中的主角——譯者按）一樣，能看見或聽到他們父親鬼魂的朋友的故事，使我回想起大戰發生前幾年，在澳洲的雪梨(Sydney)面對自己父親死亡時的經驗。

父親和我一直都是相當親密的夥伴。當我還是個小男孩的時候，我們曾經一起在位於塔斯馬尼亞(Tasmanian)的樹叢裏露營、打獵，並且在當地波光瀲灩的溪流之中釣魚。雖然他先前所接受過的教育，並沒能超過小學的程度，然而他那敏銳的心智，卻往往能達到一個更高的境界。我發現自己可以站在學生時代視野大開的角度，和他談論心中的種種想法，而他也總是能提供一些相當有價值的內容給我。

當他知道自己得了可能是無藥可救的致命惡疾之後，便開始每日都閱讀《聖經》。也許他能夠聽到死神駕駛著的馬車，正轟隆隆的不斷接近吧。但是他才六十五歲，對我而言，這個一手支撐起我的世界的基石，就要這麼的傾圮了，似乎是一件不可能的事。當然，就像其他的人一樣，他總有一天也會走，但絕對不是現在。

接下來的日子裏，他被送往醫院，在一位新近接手的大夫的指揮之下，進行一種新的治療過程。有一天傍晚，我到醫院裏去看他，他看來似乎是正在復原之中。於是我對於他可以痊癒的希望，一下子昇高了許多。死亡終於暫時可以避免了。

第二天早晨，當我由居住的公寓，一腳踏進春天的燦爛陽光之中時，天空忽然間漫無邊際的轉成一片漆黑。就在這個時候，一陣令人無法忍受的壓迫感向我襲捲了過來。當象徵著惡兆的烏鴉般的黑影，由幽暗的天際向我做勢撲來時，那股強大的衝擊力量，使得我站在那裏不寒而慄。

然後，突然之間它走了，這陣黑色的、心靈上不祥的感覺都過去了，只剩下春天那猶如初生嬰兒般的嫩藍天色，以及閃爍的陽光。當我衝向車站，搭上開往城裏的那一班火車時，仍對這一次的經驗感到百思而不得其解。

在位於溫耶德 (Wynyard) 車站附近大樓內的辦公室裏，正當我在辦公桌前感到坐立難安時，電話的鈴聲響起，有一個聲音告訴我父親已經撒手人寰了。事實上，他大約就是在那天早上，我一腳踏入那片黑暗、壓得人喘不過氣來的景色中時去世的。於是我覺得，曾經有一個死亡的訊息傳達給了我，同時，我也開始微微的預感到有一種深沉的沮喪。

到目前為止，在我生命之中唯一曾經顯現出來的心靈才能，便是那一次的預知，但對於來自父親方面的任何接觸，我則並不懷抱著任何的希望，即便是他依然存在。關於這一點，我可是一點兒也不確定。由於諸如此類的問題，我唯一的希望，便是寄託在我那通靈的母親身上。因此，在父親葬禮舉行過後一個禮拜，我問她是否有任何來自父親的信息。

「是的，在他死了之後，我感覺到他在這裏盤桓了數日。雖然如此，但現在他似乎是得走了。」

十八年之後，在歷經世界大戰、遊歷了世界各國、並且學習到一些有關於生死，但並不是屬於最深刻的秘密那一類的事情之後，我正坐在母親臨終的床前。

她臥床不起已經將近有一年的時間了。在探望她的那一段時間裏，我們有時會談論到有關於生死的問題。我發現到，她終於還是放棄了那個主張沉睡的靈魂以及肉體復活的教義。雖然如此，對於來生的存在，她依舊是一點也不懷疑，並且堅信自己死後，能夠和父親以及所有先她而去，她所鍾愛的人們再度團聚在一起。

但是我自己卻不願去想她已經是日薄西山這件事；並且也不曾鼓勵她談論有關這方面的事情。事實上，我還一直向她保證說她會好起來，並且還能夠再度的走路。

然而，我並非真的相信自己所說的話，同時自己心裏也明白是到了與她一起面對事實，同意她去說一些個在這緊要關頭，她心裏想說的話的時候了。

但是，由於能夠再度走路這個想法，對她具有相當的吸引力，因此，她假裝相信我所說的話，也或許她是為了我的緣故，為了我認為她已經知道自己來日無多的緣故。在她最後一段人生旅程當中，另外還有一件困擾著她的問題，那就是她那逐漸衰退的視力。她總是說自己的視線模糊不清，並且強烈渴望能夠恢復清晰的視力。在她生命之中的最後幾個月裏，能夠再度走路、視力清晰這兩個願望，在我往後的經驗當中，扮演著相當重要的角色。

母親去世的那一個晚上，我一直握著她的手。我始終認為她不會真的離開我，直到聽見她的喉頭發出了死亡的嘎嘎聲響，然後，她就走了。但是，當我對這位真正擁有「靈視」能力者的死亡，懷抱著十二萬分的期待時，卻發現並沒有任何戲劇性的景像或通靈的經驗出現在我的身上。只是很單純的感受到，上一刻她還在這裡，下一刻她卻已經走了。在俗世紅塵兀自紛擾不已之時，這件讓我的信念幻滅的重大事情竟這樣發生了，實在是令人難以理解。

當我們把她的骨灰，安放在父親位於雪梨火葬場牆內的骨灰旁邊之後，我明白要重新揭開那不為人知國度的面紗的時候已經到了。於是，我參加了雪梨心靈研究團體 (the Psychic Research Society of Sydney)，並且和通靈人士以及預言家等，一起出席參加會議。

領導這個團體，被社會局官員推崇備至的這位靈媒，乃是英國教會所任命的一名牧師。他是以直接用聲音通靈而著名的，這意味著當這位靈媒入定的時候，一具安放在他身邊不遠處的喇叭當中，便會有聲音傳送出來。我決定要去參加由他所主持的每週例行集會，這個集會是在位於南部郊區的一幢房子裏舉行的。

第一次去那兒的時候，我發現這個集會就在一個大房間裏進行，這個房間是為了這個集會的目的，特別在花園中搭建而成的。與會人士大約有三十名，都背靠著略呈橢圓形狀的牆壁坐著。在降神會舉行之前，這位靈媒將十字架標誌放在兩個喇叭上面。我注意到這兩件由傳聲筒形狀的東西以及一些輕質金屬物所組成的樂器上頭，都有磷光覆蓋著。這也就是說，在黑暗之中可以看得出它們的位置。

「這位靈媒穿的夾克上面，有沒有任何閃閃發亮的標誌？」我問一位籌畫這些集會的社會局官員。「或是你把他綁在椅子上了？」

「沒有，」他回答說：「我們曾經澈底的檢查過他，因此非常信任他的誠實度。」

我心裏想，對你來說一切都很好，但對於像我這樣的新的觀察員來說，又該如何去判斷它的真偽呢？與其說這是一場心靈研究會議，不如說它更像是一場普通的招神術的降神會。

「在這裏，我得要求你一件事，那就是在靈媒入定的時候，千萬不可在黑暗中點起燈火。這樣會使他受到相當大的傷害。」那位官員這麼說。我曾經聽說過這種情形，並且也答應不會做這樣的測試。

那兩具喇叭被放在屋子最中央的地板上。靈媒脫了鞋子，坐在有扶手的椅子上，進入放鬆的狀態。所有的燈光都熄滅了，只留下一屋子的黑暗，在靈媒大約入定之後，由他所在的位置方向傳出相當濁重的呼吸聲。

不久，聲音便由可以看見、如螢火蟲一般飄浮在空中的喇叭之中傳了出來。有的時候，一個喇叭甚至還昇到了天花板的位置。通常兩個喇叭都各有一個聲音傳出來，兩個聲音都和坐著的人當中，想要加入的人在那兒討論著。其中一個討論的主題是輪迴，為此，兩個喇叭聲音之間還展開了一場辯論。其中一個相信有輪迴，而另一名自稱是位死亡了的神職人員，則表示並不相信。

在這傍晚時分，由喇叭之中傳出來的兩個聲音，無論是在音質或音調上，都有著顯著的不同，然而不論那聲音是男的還是女的，卻都有著那位靈媒的聲音特質。這一點曾經使我產生了懷疑。然而在往後的研究之中我卻發現，在真實現象當中的確是如此，因為據說，傳達訊息者透過喇叭所使用的說話聲音，是取用靈媒發聲器官中的放射性物質，然後，再由它構成充滿著靈氣的「音樂盒」。有時候，其中一個喇叭會在屋子四周盤旋，輕觸人們的頭顱，這是招神術降神會中常耍的一種把戲。每到這個時候，我們的椅子便會後退靠牆，而為了要親自接觸人們，靈媒又必須在我們前面相當接近的地方四處移動，因此這是一種相當危險的表演，因為有一些在座的人，很可能會把腿伸到前面去。

我和這位牧師靈媒一起，出席了不少的會議，希望藉此能得到一些來自於我母親的訊息。一般而言，透過這些會議所獲得的訊息，比過去我所參加過的任何招神術降神會的內容，都要來得層次高些，但是我以為，其內容仍然相當的通俗而平凡。如果它們證實了有死後的生命，那麼它們同時也證明了身處在那個層次者的智力，甚至要比在墳墓這邊的要來的低。

此外，對這整件事情的真實性，我並非絕對的相信。有天傍晚，一個自稱是某位與會德國青年父親的聲音，由喇叭之中傳了出來，並且和他的兒子做了一番交談。他們的談話內容一直保持著不痛不癢的情況，這使得做兒子的感到相當的不滿。於是，他用德語和他的「父親」說話。但是卻得不到任何的回答。

「我很想和你用德語交談。」兒子用英語說。

「我們在這裏只說英語。」那個聲音堅決的這麼回答，並且就此「不再廣播」。

這使得我對它抱持的最後一點信心都消失殆盡了，而且，既然一直得不到來自於母親的任何訊息，於是我決定省下每週參加所需繳付的十先令成本。

在母親過世大約一年之後，我去拜訪一位到雪梨來參觀，名字叫安・諾瓦克(Anne Novak)的通靈人士，她在她的房間裏提供私人解讀的服務。我的未婚妻幫我做了預約，而且就我所知，這位通靈人士除了我的姓名之外，對我是一無所知。

我是以一位陌生人的姿態走進她房間的，我才一進去，她就說：「你母親剛剛和你一起走進門來。」她對我母親的形貌做了一番簡短的描述，然後不論那個和我們同在一個屋子裏的無形實體是什麼，她開始由它那兒為我進行消息的傳送工作。

訊息之一是：「你母親要我告訴你，她現在又可以走路了，而且眼睛也沒有那麼的模糊了。」

這兩項陳述，完全吻合她死前所感到憂慮的兩件事情。然而，令我感到不解的是，目前處於星靈體狀態之下的她，不是應該能夠飄浮、或是飛翔的嗎？為什麼還需要走路呢？同樣的，她的視力現在也應當很好，而不僅僅是不像她在世最後數年裡那樣的模糊才是！

另外還有一個同樣也使我感到困擾的訊息。那就是她重複著一些在過世以前常叮嚀我的事情，要我和一位遠走國外的女士，重新彌補兩人之間原來的裂痕。我母親似乎並不知道最近的發展情勢；很明顯的，她並不知道我已經和一位她素未謀面的女士訂婚了。並且我不久就要和這位女士結婚，而這樣的結合，將會為我帶來母親一直期待我能獲得的友誼與滿足。

但為什麼此刻她要在我懷著對未婚妻的滿腔情愛，站在安・諾瓦克前面的時候，對我提出這樣的忠告？這是不是意味著我必須到國外去旅行，然後和一位曾被我發現虛偽不實的女性，重修秦晉之好？這一點似乎顯現出無論是通靈人士，或任何一位能由她那兒傳遞出消息的人，都無法閱讀我的心靈，或是把我給看穿。

另一項訊息為這項秘密提供了一個可能的線索。那就是：「你母親問說，為什麼你總是滿腹思緒的走來走去。」

我感到自己的確是集中心智在自己身上，而且通常是一些抽象性的思考上。這會在身心上造成一些障礙，使得心電感應的關係很難產生。大家都知道，如果沒有智力與思維活動在場干擾的話，那麼和另一個時空的存在物溝通起來，將會更加容易一些。

此外，還有一項訊息在當時令我感到十分的奇怪，但是在往後進一步的研究之中，卻變得比較明確，那就是：「告訴他，自從我死了之後，他一直想和我接觸所做的努力，對我的幫助很大。」

日後我在心靈領域方面的研究，為這些訊息當中的一些盲點，帶來了一線光明。例如我學到了一點，那就是剛死的人在學會飄浮或飛翔之前，的確通常是用走的。即使在他們學會了之後，有時候也還是用走的。

關於她的視力問題這一點，日後有證據顯示，肉體上所欠缺的能力，往往會在星靈體的狀態之下，維持一段時間，然後才會慢慢的消失。這都是心靈上的問題。如果沒有了肉身的這個人，能積極的認定在星靈體的存在狀態之下，健康情況會獲得改善，那麼它就會變得十分的完美。這也許要花上一段時間，但絕不會比在塵世之中，靠著「思想」把自己變成健康、和諧花更多的時間。

我花費了這麼大的精神來和她聯絡，這項事實，就是我對她愛的明證，並因此對她的福祉構成了一種祈禱的作用。這種對已逝之人的愛與祈禱，將對他們帶來很大助益的觀點，在許多具精神性以及心靈性的啟示當中，都深獲贊同。

由許多行降神術者的溝通情況，所做成的一份研究報告顯示，按照常理來講，死者的靈魂並無法看見我們的身體或是具備物理性質的目標，除非有通靈人士在場。死人的靈魂之中，有許多能看到我們周身的氣流，並且在某種程度之下，能洞察我們的內心世界。但是，並非全部的靈魂都能閱讀人類所有的心靈，而我的心靈也許就像母親所指出的，正是難以洞悉的那種。

真的是我那死去的母親在傳遞訊息嗎？自從和安會面之後，這許多年來，我一直在思索這個問題。有兩種可能的情況是：其一，那是靈媒的潛意識心靈，致力於研究我的心理層面的結果；其二，傳遞訊息的是一個來自肉眼難見的世界，善於模仿的實體，它喜歡扮演任何稱職的角色，來和這位靈媒進行溝通。

如果真是這兩種情況之一的話，那麼在心靈解讀上，它們可真是糟糕透頂了，特別是在人們都將這種低級的精神模仿者，視為心靈探索的專家，並且認為它們在解讀未來這一點上，更顯其聰明的情況之下。

事實上，就整體而言，我傾向於認為那就是我的母親。安・諾瓦克只不過正好是那種母親能和她搭上線、而且能夠被她周身氣流所吸引的人罷了。我想，對於母親想要和我溝通，想滿足我渴望知道她仍然以一種物理性質以外的狀態存在這一點上，這位靈媒提供了很好的條件。

打那之後，我就再也不曾試著去和她接觸了，因為我不想再把她扣留在這個世界附近。

心靈研究團體

在和內人旅居倫敦數年之久後，我在那兒加入了英國心靈研究團體（the British Society for Psychical Research，以下簡稱SPR）。對此，我有個一舉兩得的理由。首先，我仍然試圖深入研究那個未被發現的國度。此外，我手頭上有一個新聞企劃案，有家倫敦雜誌已經要求我以心靈學為主題，撰寫一系列的文章。而SPR則足以為我的文章內容，提供部分的素材。

成立於西元一八八二年的英國心靈研究團體，乃是第一個致力於以科學的精神與態度，來檢視那些被稱之為心靈的、以及心靈學上的邊緣現象的組織。這個團體是由一些具有高度學術以及科學素養的人士所領導的，它企圖要以一種純粹理性的態度，而非偏見來完成其研究。

在他們傾注全力在探索那無法解釋的心靈力量的過程之中，早期最讓大部分會員殫精竭慮的，就是死後生命的問題。基於數項理由，這種現象是可以理解的。因為物理科學的出現，特別是查爾士・達爾文(Charles Darwin)的學說，已經將有關於生死的舊有神學信仰給一舉擊潰了。

畢竟，對許多知識份子而言，人類並非像《聖經・創世紀》中所說的，是依上帝的形象所造。取代這種說法的是，人類乃是由動物王國之中，歷經億萬年的進化演變而來的。他不是由神的氣息之中創造出來的靈魂，而是一具擁有經進化修飾過、稱之為意識的東西的肉體。雖然聽起來令人十分的傷感，但如果由此推論下去，則人類在死亡之後將回歸於塵土，乃是合乎推理原則的。就其為一個獨立個體而言，他會消失於無形。

也許是基於人類命運中，將有這麼一幅蒼涼景象所引起的反應，有一些知識份子們，例如劍橋(Cambridge)的知名人士，以及數位卓越的科學家們，便開始檢試這一項新的概念。他們認為，透過客觀的觀察、經由控制的實驗、以及物理科學中冷靜而客觀的論據等各種方法，便能夠將這項測試付諸實現。

在這一次新冒險活動的領導人之中，有許多在當時都享有卓著的聲譽。舉例而言，這些人之中包括了著名的心理學家威廉・詹姆士(William James)、哲學家亨利・柏格森(Henry Bergson)、科學家威廉・巴雷特男爵(Sir William Barrett)、奧力佛・洛奇男爵(Sir Oliver Lodge)與雷力爵士(Lord Raleigh)等，還有發現了電子的湯普森(J. J. Thompson)，以及和達爾文同一時間各自提出了進化論的偉大生物學家阿爾弗瑞德・羅素・華力斯(Alfred Russell Wallance)

等。這個團體的成員之中，尚包括了當時被認為是世界上最偉大的科學家貝爾福爵士(Lord Balfour)以及威廉・克魯克斯男爵(Sir William Crookes)二位。毫無疑問的，另一項促使ＳＰＲ創立的推動因素，乃是現代的招魂術。這個大約在西元一八四八年於美國展開的活動，已經在西方世界開疆闢土有三十年之久。數以千計的人聲稱，他們曾在由紐約到聖彼德堡等所有大都市流行的畫室之中，透過靈媒和死去的親友們交談。嚴謹的調查研究員們不禁自問，這一切到底都是真的，還是這些人都被聰明的靈媒、或是某種不知名的心靈力量所愚弄了？

為了研究的緣故，ＳＰＲ同時聘請了專業與非專業的靈媒。但首先，他們得接受誠實度與能力的考驗。一部分的靈媒通過了測試，他們之中有一些接受了ＳＰＲ的聘用，做了好些年的研究工作，例如美國著名的勒諾爾・派柏(Lenore Piper)女士即是。

透過靈媒的傳遞訊息，以及其他方面的資料來源，大量的參考材料都匯聚到了一起。在鑑定這些資料的時候，ＳＰＲ是採取一種完全不具成見，以及不受過去的普遍信仰和深藏於內心深處的情感所影響的立場。他們提出所謂的儉省律則(The Law of Parsimony)，並且對它奉行不渝。這意謂著在試圖去解釋現象的時候，不需要去增加一些無謂的假設、或者是說明的理論。

這樣的一個立場似乎是在實際操作之中付諸實現了，因為這些資料訊息除非能以其他的方式加以解釋，否則不得被視為來自於死者。長久以來，比起假設死後生命猶存，更能為人所接受的一種解釋是：這個訊息是在活著的人、與活人所擁有的靈視能力之間，所具有的一種心電感應。這類的說明，其結果往往引發了相當長遠的發展。如果透過靈媒在出神狀態時所接受到的消息，是存在於靈媒的潛意識或心靈之中、或是在任何一位在場者的意識或潛意識之中，那麼就必須假定這項訊息，也許是來自這類的心靈寶庫。這比死者猶存這樣的假設，要更為人們所喜愛。

更進一步的，有一項被視為比假定靈魂存在更為科學的是，假設靈媒能夠觸及到任何人的心靈和記憶，不論此人是在什麼地方，即便他是在數哩之遙，或這項相關的訊息，是深埋在其潛意識心靈之中，不易為人所察覺之處。例如，也許在潛意識下，此人已經知道了事實，但卻從來不曾意識到這件事。然而在遠方的靈媒，卻能夠由他的心靈之中將之挖掘出來。

即使人類心靈所具有的這種強大感應力量，從來都不曾被證實過，然而研究人員們卻寧願假設有這類事實的存在，也不願接受死者在與我們溝通這麼簡單的解釋。這不禁令人懷疑，這和儉省律則的精神相符嗎？當這些人在致力於不受年代久遠之偏好、以及情感上所負載的信仰所左右時，他們難道不是也在更為冷靜、更合乎科學精神的企圖之下，對那些信仰懷有偏見嗎？

由於主張幾乎所有來自於靈媒的訊息，都是存在於某個地方某人的心裏面，並且可能被靈媒那無所不知的心靈給觸及到，因此，若要用這種方法去建立死後生命的明證，似乎是一件不可能的事。雖然如此，有些並非存在於任何活人心靈的事實，卻時常由另一個時空之中傳來。

例如，著名的查分遺囑事件(Chaffin Will Case)即是一個顯明的例子。詹姆士．查分(James L. Chaffin)是美國北卡羅來納州的一名農夫，擁有四個兒子。當他在西元一九二一年的九月過世時，人們找到了一份有兩位目擊者為證，日期標示為西元一九〇五年十一月十六日的遺囑。根據這份遺囑的內容，他把所有的財產都留給了第三個兒子，至於他的遺孀以及另外三個兒子，則什麼都沒有留給他們。

四年之後，也就是西元一九二五年的六月，他的次子做了一個栩栩如生的夢，在夢裏，他那過世的父親就站在他的床邊。在這位父親指示他說「在我外套的口袋裏，你可以找到我的遺囑」之前，他已經做過好幾次這樣的夢。這個幽靈在說完話之後，就消失不見了。

當那件舊外套終於被找到時，人們在衣服裏面一個縫死的口袋裏，找到了一張紙。紙上寫著：「閱讀我爹舊《聖經》中的〈創世紀〉第二十七章。」當人們在一個適當的地點，翻開那本沾滿灰塵的老舊《聖經》時，竟找到了一份日期記載著西元一九一九年一月十六日的遺囑。這份最後接受了認證的遺囑，使四個兒子都繼承了父親的遺產。

由常識層面來看，這是一件過世的父親回來，糾正不公平情況的案例。我們不明白他為什麼要隔了四年之久才這麼做；也許他得處理死後所面臨的一些情況，以及一些溝通上的困難吧。有數位ＳＰＲ的研究人員將這則案例以及其他相似的例子，視為靈魂死後依然存在的證明。

雖然如此，其他的研究人員們卻依然比較喜歡另一種解釋。例如，在查分的遺囑這個案例上，有些研究員就認為，那位做夢的兒子必定是因為能看見異象的緣故，因此曾經看到了遺囑，以及它的所在位置。然後，他的潛意識再以夢的形態上演出來，將訊息帶給有意識的心靈，並且敦促他有所行動。

但是很明顯的，這個解釋相當的牽強。夢根本沒有必要將這種能見異象的理解能力，帶到這個兒子的意識心靈之中，並且說服他採取在財務上對他有利的行動。更何況這種解釋是假設了能見異象能力的存在，而這對大部份ＳＰＲ成員而言，是尚未得到滿意科學證明的一件事。那麼，假設能見異象能力的存在，是否就比假設死者猶存更為科學呢？有些人似乎確曾這麼認為。

通常那些透過靈媒說話，並且自稱是死者的靈魂的聲音，往往被人們稱之為「熟悉的精靈」或是「守護靈」。但ＳＰＲ的研究員們則稱之為「驅使靈媒的精靈」(controls)，並且假設它們是由靈媒心靈深處某個無法意識到的地方，暫時幻化出來的角色。

如果說ＳＰＲ經過一個世紀以來的努力，都無法對死後生命的真實性，提出科學而絕對性的證明——少部分的成員也許認為已獲得證明——至少，它已經證明了人類心靈確實具有著不可思議的力量。對他們而言，這些力量不啻是一種強而有力的證明，證明人類遠比僅僅是一副擁有些出自於己、稱之為心靈之物的軀體，這種物質論的印象還要更為豐富。

對於十九世紀末這些勞心勞力、正直不阿的研究人員們而言，似乎應當這麼說，當所有的現象，都可以用心靈的超感應力量來加以解釋的時候，那麼欲藉可資證實的研究管道來說明靈魂猶存的可能性，就完全不可能存在。

然而，在這世紀交替的時期，卻出現了一道奇特的希望之光。腓特烈Ｗ・Ｈ・梅爾斯(Frederick W. H. Myers)這位既是古典學派學者又是詩人的劍橋菁英份子，率先幫助ＳＰＲ的成員進入那片未知的土地。這是在西元一九〇一年發生的事，其後很快的，他又開始從事溝通的工作，但卻是以一種新的、並且特殊的方式為之。

這項溝通似乎是一項有計畫的行動，它試圖要克服心電感應的障礙，其過程好像是由一名瞭解問題癥結的人開始的。部分無法解釋的訊息，會通過一名靈媒，也許是派柏女士傳達出來，然後有更多一些片斷的訊息是透過其他的靈媒，像是印度的賀蘭德(Holland)女士以及英國的維拉爾(A. W. Verrall)女士等傳達出來。

當這些片斷的訊息，藉著其中一位靈媒所提供的線索而湊在一起時，整個訊息內容就變得十分合理了。甚至於，它還會帶著將這項訊息傳送出去的人，也就是梅爾斯個人特有的印記。這也就是說，它可能是一些梅爾斯所熟知的、有關於古典方法學或歷史上的一些隱微難辨的問題。

除了訊息是零零碎碎的由數位靈媒那兒得來之外，人們無需擔心有任何一位靈媒會傳送這種具有特殊性的知識，從許多事例上也可以證明，這類知識也無法由任何一位活人的心靈之中接收過來。

這一系列的訊息，被命名為「交叉通訊」(Cross-correspondences)。著名的心理學教授加德納・墨菲(Gardner Murphy)，曾經將交叉通訊定義為「一系列殘缺不全的片語和句子，每一樣基本上都是毫無所指的，然而一旦拼湊起來，卻能夠呈現出一項清楚的訊息」。

很快的，梅爾斯就有了一批新加入的溝通人員，這些成員都是些近來剛剛過世，在世時享有盛名的ＳＰＲ研究員。例如，愛德蒙・格尼(Edmund Gurney)以及劍橋的亨利・西奇威克(Henry Sidgewick)教授，這兩位兼具哲學家與學者身份的人即是。當ＳＰＲ的研究人員們相繼過世，步向那個未被發現的國度時，溝通員的數量便不斷的在增加。這個交叉通訊的計畫，進行了大約有三十年之久。

我在西元一九六○年時期去拜訪SPR位於倫敦Adam and Eve Mews 區的辦公室時，那裡的研究人員們還在消化、分析所獲得的大量資料。這些歷經三十餘年，透過靈媒所獲得的隻字片語，約有三千件左右，要把這些片斷難解的謎語拼湊在一起，的確是一件相當大的工程。

案例的報導由於太過於冗長，因此無法在這裏一一做詳細的報告。例如，以「迪奧尼索斯的傾聽」（位於西西里的一個巖洞的名字）而著名的一個案例，就花了四十頁的打字紙才得以完稿的。由兩名並非專業的自由作家所接收到的這些片斷訊息，是在論述一些晦澀難明的古典課題，它的內容完全超出兩位作家靈媒所接受的教育背景。

像大部分接收到的訊息一樣，在這個案例之中，人們所獲得的是一些龐雜而缺乏組織的資料，並且有很長的一段時間裏，在這些資料之中竟找不到一絲的關聯性。傳遞消息的陰界溝通者，似乎是梅爾斯最近方才過世的兩位朋友，他們二位在生前都是精通古典文學的大學教授。

最後，他們終於提供了一些線索，而這些線索則引領著研究人員們，在這兩位已逝教授其中一位家中的書架上，找到了滿佈塵埃、鮮為人知，一本名為《希臘梅奧提克的詩人》(*Greek Meltic Poets*)的美國教科書。在這本書中，其中有一篇是論述基西拉島(Cythera)上一位名叫費羅克塞努司(Philoxenus)的少年詩人。這位默默無聞的詩人所寫的詩作當中，只有極少數的幾行流傳了下來。而在這位教授的所有藏書之中，這篇論述是以那些包括了在這次交叉通訊活動之中，所獲得手稿內容裏的所有參考資料，來論述費羅克塞努司的唯一一篇文章。這似乎是兩位已逝的古典文學學者，企圖證明其身份，以及其依然存在的一項大膽嘗試。

到目前為止，這些資料只有極少部份獲得出版，而這項證明則使得這些出版物顯得益發的充實。然而這些冥界溝通者以及研究人員們如同海克利斯（Hercules，希臘神話中的大力士——譯者按）般的鍥而不捨，是否就已經證明了死者猶存呢？對某些SPR的研究員而言，答案是肯定的，然而對另一些人而言，則不是這麼回事。

亨利．西奇威克的遺孀愛莉諾．西奇威克(Eleanor Sidgewick)，在科學態度上，是一位相當謹慎的女性，她對這項交叉通訊活動發表了如下的感言：「我個人認為證據已經充分指向了一個結論，那就是我們的這些工作夥伴們，死後依然和我們在一起，共同致力於這項工作。」她的同胞手足貝爾福爵士(Lord Balfour)則說，在深入研究和反思之後，他「強烈的傾向於肯定的答案」。至於SPR的成員皮丁頓(J. E. Piddington)，這位將一生之中最美好的時光都花在這些手稿上的實際的生意人，對他而言，這裏所顯現出來的證據，已經為死後仍具有生命的事實提出了明證。布羅德教授(Professor C. D. Broad)指出，由於證據所示，因此對於人類心靈在其肉體死後依然存在，並且繼續從事思考和計畫活動這一點，我們很難再持反對的意見。

對於那些認為這項經驗顯示，已經足以對抱持理性心靈者證明靈魂依舊存在的人而言，以上的聲明是相當具有代表性的。但是其他的人則仍無法相信，這類的證明真的能夠被建立起來。這些人質疑與此有關的靈媒們，可能涉及到運用心電感應，彼此分享相關的信息。當然，他們一定同時也分享了一些鮮為人知的事實，並且達成某種協議，同意各自提出一些不聯貫、片斷，但最後卻可以拼湊在一起的消息。由於這些靈媒們分別住在世界的各個角落，有一些甚至彼此素昧平生，因此要這些靈媒們彼此做一些無意識的心電感應溝通活動，委實是一件相當大的工程。扛著對抗靈魂繼續存在看法的「科學」偏見，這種風馬牛毫不相干的解釋，可以說是對一般常識的一種冒犯。

一些研究人員們認為，如果這類靈媒之間的交叉通訊存在的話，那麼企圖證明靈魂存在的星靈境界實驗(Astral Plane Experiment)，其施行的成效便會相當的差。英國的心靈學家羅勃・德奧勒思博士(Dr. Robert Thouless)則是以下面這種方式加以說明的：「如果這是……墳墓另一邊者的實驗設計，我想它一定會被認定是一項差勁的實驗設計。它已經證明了這麼多的材料，是很難去認定其明顯價值的，更何況對於這些材料的看法，又有那麼多不同的意見……而一項成功的實驗，必須是能夠對它試圖要解答的問題，提供一個遠比自發性材料更為清晰、一點也不模糊的答案的；換個角度來說，這項實驗一點價值也沒有。」

因此就像過去一樣，在交叉通訊結束之後，ＳＰＲ的研究員們便分為贊同的(持死後猶存理論者)、以及不贊同的(反對猶存理論者)兩方，而贊同這方面的比率，也許是有史以來最高的一次。這項爭議目前仍持續進行著。

對我而言，這一個世紀以來的辛勤工作，似乎仍無法提供ＳＰＲ的研究員們，他們所需要的死後猶存的證據。這項工作之所以滯礙難行的原因之一，是因為受到十九世紀的思想典範，也就是物質之外無物存在的錯誤假設影響所致。然而二十世紀的科學已經進步到認為非物質性的事實，不應再被排除到思考範圍之外的這一步了；事實上，應該說是進步到認為物理質料本身，在心靈之外是無法存在的這一步。

此外，另外一項原因是，研究人員們到現在還一直在要求一種重複的、數學的、以及可資證實的形式的證明，而這些是無法由他們所接觸到的這類物質中獲得的。

與其說證實人類死後存在的真實性，是一件在實驗室所做的實驗，不如說它更像是一件在法庭上進行的訴訟案。在法庭之上，證據通常是隨情況而定的，即使有目擊者為證，也依然可以做為一位法庭觀察員，對這位目擊者的正直性、可靠性提出質疑。判決必須依據兩造證據的分量，由法官或是陪審團加以判定。真象絕不會像數學一樣，具有一定的必然性。

要判定有關於死後生命這種只憑經驗、視情況而定的證明的真偽，就需要遵循一種相同的模式。如果證據相當充分，足以使具有理性而毫無偏見的心靈信服，那麼判斷就會據此而定。但是與判決意見相左者，也總是存在。即便是每走一步都得停下來證明這一步的科學界，也從未曾在沒有任何異議的情況之下，往前邁進一大步。

和以上所言持類似看法的人類學家柯林・布魯克斯・史密斯(Colin Brookes Smith)，在SPR的一份報告中陳述，由交叉通訊所獲得的、傾向於人類死後猶存事實的證明，是不能完全被漠視不理的，因為另一種解釋，是遠比行降神術者更欠缺說服力的。

他宣稱，藉助任何一項合理的論辯，死後猶存現在應當被視為一項超越否定，已充分獲得認定了的事實。他指出，這個結論不應當再繼續被擺放在研究紀錄中的暗處，而應當被「視為一項最後會導致全人類看法皆獲得澈底改變，對人類而言至為重要的一項重大科學結論」來公諸於大眾。

另一位認同於死後猶存，相信它已經在合理的懷疑之下得到證明的SPR研究員則建議，未來在心靈研究的工作方向上，應當捨棄對猶存與否之事實的探尋，並轉而關心「這類存在的正確意義」這項問題。

許多SPR的研究員們自己都理解到，在他們所已確知和需依規定的方法論而得以明確證明此兩者之間，還有一道很大的鴻溝存在。這些傑出的研究員和作家當中，有一位曾經對我這麼說過：「我們還不曾證明死後的生命，但基於個人經驗我知道，這種生命是存在的。」

威廉・克魯克斯男爵

威廉・克魯克斯誕生於一八三二年，二十四歲那年結婚，三十一歲時即當選為皇家學會(Royal Society)的會員。一年之後，他加入頗富聲譽的《科學報導》(*The Journal of Science*)的編輯陣容，之後，更成為唯一的一位編輯，並且終其一生都是科學界的領導人物。

有許多人對於死後生命這個永恆的問題，具有一種潛藏的興趣，也就是說，他們往往會因為失去某一位至親之人，而引發出一連串的行動。威廉・克魯克斯似乎就是這樣一個人。他最為鍾愛的弟弟菲立浦，在二十一歲那年死了，也就是在這一年，一位名叫克倫威爾・瓦爾力(Cromwell Varley)的，因為能夠「和死者溝通」而引起了威廉的興趣。

三十七歲那一年，也就是大約在心靈學會成立前十三年的時候，威廉・克魯克斯開始對心靈現象做認真而有系統的研究。

在開始做這些研究之後不久，他在一封信中說到：「當肉眼難見、具有智慧的存有物傳送訊息給人類的這項事實，和人類彼此之間訊息的傳送有所區別時，歷史的證明就開始被傾覆了，而在當代，類此事件的證明正逐日在累積之中。」

接著他又說，這個論題也許可以由神學的角度去著手研究，或是由它的科學面去加以檢測，但是，「我卻多半是基於自己的心志所向去做，並且僅僅由它們之間所呈現出來的科學關係，去檢測這項主題。」他說，在這樣的一種研究過程之中，科學家必須抑制自己所有的浪漫以及迷信的觀念，並且「只能遵從嚴謹的思維能力。」

當他的妻子伊蓮(Ellen)，也對這項研究產生興趣之後，克魯克斯便得以在他倫敦的寓所內，進行觀察與實驗的工作，因為在那裏，情況可以完全在他的控制之下。他也經常在家裡舉行一些會議（大約一週兩次），並且持續了有好些年。克魯克斯聘請了一些十九世紀末最為傑出的靈媒與會，其中包括了著名的霍姆(D. D. Home)。

如同他那個時代的其他研究人員一樣，在許多場合、以及他所能控制並且合乎科學要求的情況之下，克魯克斯可以觀察到飄浮於空中的驚人物理現象、擁有強大能力的鬼魂幻象、物質過渡到物質之間的遷移、物質化——甚至於整個人類肉體的物質化——以及許多比較次要的物理現象的例子。

克魯克斯像進行其他的科學活動一樣，毫不避諱的持續著這一項研究工作，並且還在《科學報導》上公開發表他在這方面的發現。他那群理智的同僚們，對此則反應不一。有些是自己對這一個研究方向早已深感興趣，例如奧立佛・洛奇即是。有少部分則是可以從自己的降神會中引出這樣的結論來，例如法蘭西斯・哥頓(Francis Galton)即是。但那些認識克魯克斯、並且推崇他是一位科學家的頗為著名的懷疑論者，對此則全然感到困惑不已。他們不知道該如何去思索這件事情。「我無法不相信克魯克斯先生的論述，卻也無法相信他的結論。」查爾士・達爾文這麼寫著，而這是相當典型的一種回答。

亨利・西奇威克在協助創立ＳＰＲ之前數年，也就是在一八七四年的時候，引用一位朋友的話說：「只有三種可能性——那就是克魯克斯的結論乃是一套謊言，或是他對這件事情過分的熱中，但也可能這些現象乃是真實的。」然而有些強硬的懷疑論者，卻強烈的反對他所從事的降神術活動。有一些人惡毒的打擊他，有些人則對之訕笑不已。

當湯瑪斯・赫胥黎(Thomas Huxley)說：「要像個孩子似的在事實面前坐下，準備放棄每一個預設的觀念，謙卑的跟隨著深奧的大自然，任憑它引領你到任何地方、或任何事物之前，否則你就學不到任何的東西」時，他表達了在面對新的現象時，所應具備的正確的科學態度。但是當新成立的倫敦辯證學會(London Dialectical Society)，要求他加入一項有關於降神術現象的研究時，他卻違逆了自己所說的標準。偏見、知識份子的驕傲，總之不管是什麼原因，已征服了他那價值非凡的格言，於是他回答說，對方的提議對他而言，絕不會比聽老太太們和遠方天主教城助理牧師的喋喋不休，來得更令人感到興趣些。這份回答，充分反應出當時所謂的科學家們，對此事所持的一般態度。

然而克魯克斯卻未受到任何反對與嘲笑的影響，依然義無反顧的去從事這項工作，像個真正的科學家一樣，深入探求心靈現象的事實，絲毫不在乎這樣做的結果，會對他的聲譽造成什麼樣的影響。不過，身為一位科學家的高尚身份，還是能令他在面對各種批評的攻擊時，可以藉著外界加諸於身的各種尊崇來加以對抗。

西元一八七五年，皇家學會授與他皇家獎章。其後，他又蒙大英協會(British Association)授與爵位，並當選該協會之會長。儘管他花了將近四十年的光陰在涉獵鬼魂的事情上，他後來依然獲得功績勳章，並當選為皇家學會的會長。

這些榮譽都是他在探索自然真象上，所獲致的偉大成就的標記。但在搜尋超自然真象的過程當中，他的進展又是如何呢？雖然他曾指出，對他而言，這項探索活動必須根據科學的準則，但在ＳＰＲ的行事風格下，他也並未忽視對於在這片神秘的領域上，不同探索方向的再度興起。

西元一八八三年時，威廉・克魯克斯成為通神學會(Theosophical Society)的一員，這個學會成立於西元一八七五年，是一個嘗試透過其他方式，從另外一個研究方向，去探究這個偉大未知的機構。他終其一生都是這個學會的會員。

在倫敦從事法律顧問工作，同時也是通神學會早期會員的馬西先生(C. C. Massey)，在寫給會長奧爾柯特上校(Colonel Olcott)的一封信上說：「有一天晚上，我坐在威廉・克魯克斯的旁邊，和他一起共進晚餐，彼此有過一番相當有趣的對談。事實上，我們始終沒有對任何人提起過一個字。他是一位神祕主義者，並且是他在巴黎結識到的以利法・萊維(Eliphas Levi)的信徒……他正準備寫信給你，對於自己的發現和你在研究結果上的相似點，表達一下他個人的興趣。」

然而由於克魯克斯的研究道路，主要是沿著科學的路徑而發展的，因此，雖然所有的證據已向他顯示了神秘力量的真實性，然而在建立死後猶存證明的工作上，他卻一直有相當的挫折感。西元一八七四年時，他寫了一封信給住在聖彼德堡(St. Peterburg)的一位女士，因為這名女士曾經問過這位傑出的科學家，是否發現到這類的證明。他在信中寫道：

「『確認死者的身份』這項工作，是過去這三、四年來，擺在我面前的首要目標，關於這一點，我可以說自己從未忽略過任何一次的機會。我曾有過幾乎無數次的研究機會，也許比在歐洲的其他任何人都要多得多。在靈媒霍姆先生最近訪問英國的這段期間，他所舉辦的降神會中，沒有一場是我沒有出席的，而舉辦的場地，也大部分是選擇在我家或是我兄弟家舉行的。

「此外，我也時常參與其他所有傑出的靈媒們，所舉辦的降神會，這些人的名字，都是唯靈論者們相當熟悉的。

「在這段期間，我最殷切的期望就是，能夠獲得一個你所追求的證明，證明死者會回來，並且會與我們溝通。對此，我從未曾得到一個滿意的證明。在上百次和自稱是我的已逝友人的溝通經驗當中，只要我試圖證實它們就是自己所聲稱的那個人時，溝通的行動往往就失敗了。它們之中，沒有一個能夠回答證實身份這項必要性問題；因此對我而言，未來這個大問題，將如同過去一樣，依然是一個令人費解的祕密。我所能得到的滿意結論僅僅是，有一些肉眼難見、具有理性的存有物存在著，而他們自稱是已逝之人的幽靈，但是我所需要的那些證明，卻從來不曾得到過；雖然我的友人當中，許多人曾經聲稱他們確實得到了自己所想望的證明，我也很樂意承認這一點，然而就我自己而言，則只有幾次相當接近這項證明的經驗而已。」

在這封信的結尾，克魯克斯以一貫的仁厚之心這麼寫著：「我非常抱歉無法再給妳更為稱心的保證了。我自己也曾有過和妳相同的心境，並且也明白，靈魂是多麼的渴求收到一丁點來自墳墓之外的生命訊息。」

克魯克斯並沒有輕率或輕易的下結論。無疑的，在西元一八七四年的時候，他已證實了有來自肉眼難見之世界的溝通存在。但在其後四十年的心靈方面的持續研究上，他卻始終無法明確的下一個結論說，這些與人溝通的實體就是死人的靈魂。

西元一九一六年五月，威廉爵士的妻子過世了。這對他來說是一項嚴重的打擊，而且毫無疑問的，他也從來不曾像現在一樣，如此渴望能確切無失的證明死後的生命。但是，就在這一年的年尾，奧立佛・洛奇男爵在寫給《光》(*Light*)雜誌編輯的一封信上指出：「他（克魯克斯）對於死後猶存的證明，滿意的程度究竟有多高，我向來都無法確定。但毫無疑問的，他非常強烈的傾向於此；然而古代的科學懷疑論在讓位於死後猶存之前，卻也大大削弱了後者的力量，並且還不時的以一種令人驚訝的方式，再次發揮它懷疑論的影響力。

「在給我的一封短柬上他提到，他非常羨慕我已經得到了我兒子存在的絕對證明。據我推斷，他也非常希望能獲得結縭超過六十載、已逝妻子依然存在的絕對證明。但這不是件在刊物上可以談論的事情。」

其後很快的，克魯克斯便在格雷偉(Crewe)當地，結識了一位姓霍普(Hope)的靈媒，他由此人的身上獲得了一項證據，而那正是他所需要的最後明證。這項證據，是透過一張他過世妻子的靈異照片表現出來的。

本身也是一位專業攝影師的克魯克斯，在西元一九一六年十一月這段期間寫給奧立佛・洛奇男爵的兩封信上，對這張靈異照片做了如下的陳述。

「許多年以前，我曾考慮過攝影騙術的這個問題，而由過去從騙徒那兒所獲得的自白與承認內容當中，我對於可能發生的任何詭計，可以說是瞭若指掌。在格雷偉發生的這個事件當中，感光板除了在霍普先生放進、取出照像機的片刻之外，從來都沒有離開過我的身上。他是不可能做出任何足以欺騙我的事情的。至於整個操作與顯影的過程，則都是我自己做的。因而在感光板上所顯影出來的內人影像，不是由她的任何一張照片之中複製出來的。

「我得很高興的說，擁有這個關於死後猶存的確切證明，使我的心裏覺得好過多了。」

在接下來的這一年期間，克魯克斯在他位於倫敦肯辛頓花園公園(Kensington Park Gardens)七號的自宅當中，舉辦了一連串引人關注的實質化降神會，並在會中和他的妻子進行溝通。

克魯克斯是SPR的成員，而另一位成員斯卡契爾小姐(F. R. Scatcherd)，則在一本題名為《死後猶存》(*Survival*)的書當中，將其中一場降神會的情況發表了出來。

她在書中陳述說，除了威廉男爵之外，只有她和靈媒Z太太兩人參與這場降神會。就在電燈已經關上，而通神的現象也已經展開時，外面有一個人把門給打開了。當時時間正值下午，因而有一束光線由門外投射到靈媒的身上，這使得她痛苦喘息不已。斯卡契爾小姐叫道：

「把門關上。你把我們的實驗給搞砸了。」

門關上了，但並沒有關好，仍然有一絲光線瀉入。在這一線光亮之中，斯卡契爾小姐看到在她和威廉先生之間有一個巨大的影子通過。她想，這意味著那位靈媒已經離開了她的椅子。於是她把手伸出去，看看是否真是如此，並因此碰到了原來僵硬坐在椅子上，現在卻走到她二人中間的靈媒的膝蓋。

就在這個時候，斯卡契爾小姐聽到一個聲音說，「你弄傷了我的靈媒。她已經因為剛才那道光而感到痛苦不已。」那個似乎已經是控制了靈媒的幽靈聲音又說，他們（看不見的力量）護衛著這位靈媒，使她不受到光的傷害，因此沒有必要結束這次的降神會。

在保護靈媒不受到光的傷害的情況之下，斯卡契爾小姐因此得以看到由靈媒體內所發出的放射物質的排列狀態。同時，她也可以聽見在威廉先生和其妻子的幽靈之間，所進行的生動對話。克魯克斯先生是背對著門坐的，因此那道光對他而言，並沒有什麼幫助。他對他的妻子說，雖然他可以感受到她手的觸摸，但是他很遺憾自己看不見她。

她則回答說，「我就在你的身旁，親愛的威利。當我在屋子四周帶動由放射物質所形成的音樂盒時，注意聽著。」於是，斯卡契爾小姐看到了靈媒體的放射物質，轉變成一種引人入勝的形態。

「藉著那道光線，我可以看見那個音樂盒旋轉著經過了門旁，然後在威廉男爵的頭上盤旋不已……它在他受傷的腿上（他因跌傷而飽受其苦），上上下下輕柔的移動著。泰半的時間裏，有兩個或更多的聲音和威廉男爵及我自己交談著……

「克魯克斯女士在世的時候，我就已經認識她了，現在又目睹她試圖利用靈媒身體的放射物質，以動作和印象等外在五官感覺得到的方式，來證明她的依然存在。

「由於那道突然投射進來的光線的關係，這位靈媒病了好長的一段時間。同樣的，當時我為了要確定她是否已經不在椅子上，因而伸手碰到她膝蓋的地方，也有一大片的瘀青，並且還一碰就疼，花了好幾天的時間才漸漸的消失。」

但是，雖然這些跡象無疑的，都令這位大科學家感到十分的快慰，但似乎仍只有格雷偉的照片這個事件，是可以令人信服的。他說在那張照片中，他的妻子看起來要比去世前還年輕十歲。然而，她在那一個年齡階段裏，並沒有照過任何一張照片，甚至在現有的照片之中，也沒有那一張是和那張「幽靈的相片」十分相像的。因此，即使那位靈媒有機會這麼做——事實上根本沒有，這也不會是另一位攝影師的複製作品。

因此，在遵循科學的指導方針行事多年之後，這位偉大的科學家終於獲得了他所需要的證明，並且在相信墓穴的彼端仍有生命的情況之下，以九十七歲的高齡去逝。

但是他並沒有宣稱自己經年累月在這塊領域努力的結果，已經為每一個人樹立起科學的明證。因為這些令他信服的實驗，還沒有經過研究人員們隨機取樣重複的去做。許多人寧願相信他是一位偉大的人物與科學家，只是可能被人欺騙或是產生了幻覺才會如此，也不願接受他所說的內容。

由於這項問題是如此的重要，我們目前的當務之急，就是要打開人類那被科學定位了的心靈，使它向著真理的方向開放。因此這項始終不屈不撓的研究，依然由新生一代的男男女女們，以新的方法，持續不斷的進行研究著。

§第四章§

來自邊境——新的路徑

由於眾神對世人隱瞞了死亡有多麼的快樂，因此，人類才會繼續的生活下去。

盧卡，《法爾薩利亞》(Lucan, *Pharsalia*：盧卡乃尼祿皇帝時的西班牙詩人，其所著史詩《法爾薩利亞》，一譯為《內戰記》——譯者按)

臨終前的幻象

放棄了透過靈媒所獲得的、具有爭議性的溝通方式之後，心靈研究的先驅們，目前正採行新的研究方向。其中之一，就是由醫生以及護士們所從事的臨終前的科學觀察研究。而另一個方向則是蒐集、並且分析那些已經被宣稱死亡，而且事實上，在臨床上亦已死亡之人的報告。只不過，就像柏拉圖所描述的厄爾一樣，這些人死而復生，並向人們訴說著自己的故事。第三個具有比較性證明的新來源則是，在催眠之下所進行的記憶回溯。在這些回溯內容之中，有時候會有一些關於前幾世生活、以及死亡的記憶。

不久之前，我結交了兩位在研究臨終前幻象上，表現十分傑出的代表人物。他們分別是後來成為美國心靈研究學會(the American Society for Psychical Research, ASPR)研究領導者的卡爾里斯・歐賽斯博士(Dr. Karlis Osis)，以及先前為該學會研究助理，目前服務於冰島大學心理系的厄爾蘭杜爾・哈爾德森博士(Dr. Erlendur Haraldsson)。

我在一九六〇年代還是英國心靈研究學會一員的時候，就已經拜讀過歐賽斯所著的一本相當優秀的小冊子：《醫護人員所從事之臨終前觀察》(*Deathbed Observations by Physicians and Nurses*)。他稱此書為，在這一項研究領域上所做的一次初步研究。這是針對在美國發生的一些案例，所做的一項調查工作。之後，當這兩位研究學者所從事的，含括了美國以及印度兩地的多種文化的調查報告整個完成之時，哈爾德森博士便將報告複印了一份寄給我。

這麼多個世紀以來，究竟有幾千萬個臨終前幻影，沒有被人們記錄下來？我們只要在眾人之中提出這個主題，很自然的，便可以聽到許許多多的遭遇。

就在數天之前，一位名叫卡潤(Carin)的女士，就對我說了一段有關她父親的故事。卡潤的父親曾經住院開刀，當時他的復原狀況相當的好，但醫師卻認為他應當來一次海上之旅，以助其恢復往日的精力。於是他的家人們為他安排了一次海上的旅遊活動，甚至連船票都已經買好了。就在他獲准離開醫院前某天，卡潤（那位女兒）和他坐在病房之內。

忽然之間，他抬頭朝天花板望去，臉上綻放出喜悅的美麗笑容。「媽媽！」他喊了一聲，然後往後一倒，接著就過世了。他的母親早已經逝世好多年了。這位先生自己當然是不想死的；事實上，他對於即將出發的海上之旅，正充滿了期待之情。

另一位叫做琳(Lin)的朋友則告訴我，就在她母親快要過世之前，她坐在母親的床沿，握著母親的手。琳非常愛她的母親，並且捨不得她走。

這位母親閉上了眼睛，沉默了有好幾分鐘之久；然後她睜開眼睛說：「麗妲(Rita)剛才來接我了，但你不讓我走。」麗妲，這位母親最要好的朋友，已經過世有好幾年了。這個事件就好像有一份強烈的愛，在召喚她到另一方去，但又有另一份更強烈的愛把她給拉回來，暫時的留駐。

各種死亡前幻象的傳聞，在大部分的家庭中廣為流傳著。就像卡潤的父親一樣，一名即將死亡的人，也許會對著一位房內每一個人都看不見的對象說話。就像琳的母親一樣，她也許會說這位看不見的訪客，要帶她、或不帶她到另一個世界裡去。通常這類幻象內容，會使得那位瀕臨死亡的人，由悶悶不樂或麻木而聽天由命的情緒，轉變成幸福或者喜不自勝。

懷疑論者們說，這類幻象乃是由於生病以及心智錯亂所造成的幻覺。但在另一方面，唯靈論者則對此給予正面的評價，認為它是一種象徵著愛的關懷的跡象，不論這幻象是以早已死亡的朋友或是類似護佑天使的姿態出現。

如果這類幻象是確有其事，如果事實上也真有點什麼在那兒，而不只是心靈幻想出來的話，那麼它們對於死後的生命，便提供了相當有趣的證明。對於科學研究的前景而言，這看來確實是一個相當具有發展性的領域。

第一位看出這種可能性，並且做了一些研究工作的，就是後來成為都柏林(Dublin)皇家科學院(the Royal College of Science)物理學教授的威廉・巴雷特男爵。他同時也是位於英國的ＳＰＲ的早期會員之一。威廉男爵在本世紀初時，蒐集了若干由醫護人員們所做的臨終前的觀察報告，並且將少數的一些顯著特徵記錄了下來。

舉例來說，瀕臨死亡者也許會不只一次很驚訝的看到，他的床側出現了一位他以為仍然活著的朋友的鬼魂。他會為此而驚叫起來。但事實則是，這位「活著」的朋友最近已經過世了。而病人和在病房內的其他人，則沒有任何一位聽說過這一件事。

研究人員們認為，類似這樣的一些經驗，十分有力的指出了臨終前所見的鬼魂，並不單純是由瀕臨死亡者的期望之中產生出來的。也許他會期待看到一位自己所鍾愛的朋友，或如果他是位虔誠教徒的話，他會期望看到耶穌的形象，但絕不是某位仍在人世的對象。

威廉男爵記錄下來的另一項顯著特徵則是，有些曾經接受過天使是有翅膀的觀念，並且也看過帶著翅膀的天使圖片的瀕死孩童，有時候會很驚奇的叫道，他的床側有一位沒有翅膀的天使。這與其說是出於心靈的幻想，不如說是真實的情況。

威廉・巴雷特男爵刊載於西元一九二六年出版，一本名為《臨終前幻象》(*Deathbed Visions*)小書上的有趣發現，促使歐賽斯和哈爾德森沿著這些路線，進行更為廣泛的研究。

在歐賽斯進行了初步的研究工作之後，這兩位研究員便在美國，針對各個適合這項研究的場所，寄出了他們的問卷。幾乎所有接到問卷的醫護人員們，都將它填妥寄了回來。接下來，他們便進行個別的訪談。

關於該項研究所涉及到的工作、以及時間總數等概念，我們可以由平均發生在美國以及印度兩地，為數八七七件案例都是由他們二人所進行這項事實，去加以推算。接下來的工作，便是將這些匯集在一起的一大堆材料，交由電腦去加以分類並且評估。

這項調查顯示出，雖然一些偉大的宗教人物，像是基督或是神的其他化身等，常會出現在重症病人們的視線之中，但他們臨終前最常見到的幻象，卻通常是那些在他們之前死亡的人們，有時候，甚至如天堂般的居所，以及美麗的山水等景觀，也會進入臨終病人所見的幻影之中。

這類幻象通常只持續很短的時間，也許五分鐘、或者更短。然而根據調查顯示，有一些會持續有十五分鐘之久，但只有極少數能維持一個小時、或者更久。

在美國和印度兩地的瀕臨死亡的病人們，通常都會說那些幽靈訪客們，是為了要來帶他走而出現的。有相當大比率的病人們，會熱切的同意和這些訪客們一起出走。因此，這些幽靈訪客所帶來的狂喜以及平靜，和有喪事的房子所顯現出的陰暗兩者之間，便呈現出相當強烈的對比。

話雖如此，但還是有一些病人們並不想離開人世，甚至有少數會出現恐懼、或尖叫著尋求幫助的情況。奇怪的是，出於研究人員們並不瞭解的某些理由，幾乎所有反應出狂亂而不願意被帶走的，都是印度人。

這也許是因為夜摩天(Yama)，這個在吠陀時代裏象徵著掌管一個超越死亡之處，人類的快樂歸宿的和藹之神，在現代的印度文化之中，祂變成了一個可怕的復仇之神的緣故。如果這麼一個形象出現在臨終者的視線之中，那麼很自然的，病人便會出現恐懼、以及反抗的情緒。

根據調查顯示，印度病人所看到的形象之中，以宗教性的人物佔絕大多數，但卻不一定是夜摩天，而美國的病人則通常會看到他們知道已經過世了的人。因而根據美國以及印度這兩地文化上的不同，很自然的，出現在彼此團體之中的宗教形象都不盡相同——也許對基督徒而言，是耶穌或瑪莉亞，對印度人而言，則是濕婆神(Shiva)、拉馬(Rama)、黑天(Krishna)、難進母(Durga)、夜摩天或其他的一些神祇。雖然如此，通常這類宗教人物都無法被人們辨識出來，而是單純的被描述為一位天使、或是一位神。

但在鑑定這些幻象內容時，有一些必要的問題，是研究人員們必須去問，並且嘗試去加以回答的。其中之一即是，由於幻覺和不同形態幻影的產生，不只是瀕臨死亡之人的特徵，其他一般人也會有，那麼，為什麼這些死亡時分所見到的內容，可以做為死後具有生命存在的指標呢？這一點可以根據以下兩種形態的分析，來加以回答。據這方面的研究指出，凡並未面臨死亡之人所見到的幻象，大抵都是些當時還活著的人。換言之，他們所看到的，是那些仍然活著的人的星靈體，雖然這些人也許是住在離此很遠的地方。這類透過陳述、或經由心電感應而瞭解到的拜訪目的，通常都和接收訊息者的立即死亡毫無關聯。

在另一方面，臨終者所見的幽靈，則大多是些人們早已知道過世了的人，而他們的出現，也都與那位唯一看得見他們的人的死亡，有著密切的關聯，這些幽靈大部分會在此一生死過渡階段當中，幫助那些臨終的人們。

另一個重要的問題是：這些幻象的產生，是否單純的只是因為瀕臨死亡的病人，相信有死後的生命而形成的？但據研究顯示，這類臨終幻影，同時發生在不相信有來生、以及相信有來生的人身上。歐賽斯和哈爾德森認為：「我們的分析顯示出，具有來生的信仰，對於在這種情況下看到幽靈的發生頻率而言，並沒有顯著的影響。」事實上，臨終前看到另一個超越了死亡的世界的這類事件，似乎是獨立於任何信仰與期望之外的。

誠然，對於那些即將步入死亡，並且經常處於壓力狀態之下的人，醫師通常會開一些麻醉藥劑給他。而人們也已經知道這些因素會誘發、或助長幻覺的產生。因此，一個適足以在此提出的問題是：在這些因素當中，是否有任何一項，是造成瀕死病人產生幻象的原因？

我們這兩位研究人員在他們的一篇報告之中，對上述所提之問題是這麼回答的：「我們所獲得資料中的大部分病人，都沒有使用會造成幻覺的麻醉藥劑。」同時，對於壓力所可能造成的影響，他們也根據一份相當準確的資料分析推斷：「雖然對於已經走到人生終站的病人而言，壓力也許會造成其他形式的幻覺，但這對於那些以表達死後猶存為目的的幽靈的出現頻率而言，卻並不會造成任何的影響。」

死亡時分所出現的幻影，往往讓人感到非常的真實，但令人困惑的是：為什麼有些人會經歷到這些，而有些人卻不會，或至少沒有對在場的任何人提到過？關於這兩種情況的例子，我都曾經驗過。舉例來說，我的哈瑞特(Harriett)姨母在過世之前，曾聽到來自天國的音樂，並且看到已經過世的故人摯友的幻影。相反的，我的母親卻什麼也沒有看到，因為如果她曾經歷到什麼的話，我確信當時她會對我敘述的。然而這兩位女士都是有信仰的，並且堅信具有死後的生命；兩人也都是在久病之後，緩慢的步向死亡的。

其他方向的心靈研究指出，在平常而緩慢的死亡情況之下，幾乎都會有一位來自另一世界的援助者出現，專程為這段生死轉換期提供協助。然而，這位援助者在時間的安排上，也許會表現的不太精確；他或許是在快要死亡的病人喪失意識之前、或之後來到。如果有關那另一個世界的人物、聲音、或山水勝景的幻象，是在和這個世界相關的意識漸漸消退之後、甚至只是在喪失意識的瞬間之後才出現，那麼很顯然的，病人也就無法對它加以敘述。

對於那個令人困惑的問題而言，這是一個可能的解釋，但也許還有其他的解釋。沿著些微不同的路線所進行的各項研究，不但和由臨終前的幻影所蒐集而來的證明，緊密結合而不可區分，同時亦擴充了它的內容。

死而復生

有非常多的人像厄爾一樣，已經走到了、甚至還越過了死亡界線，但又持有還陽的來回票。他們曾對這個未知的國度有過迅速的一瞥，並且有時候還不只一瞥。他們可以說已經一腳越過了此世與彼世的分界。

當然，我們不能說一名旅客只是因為在慕尼黑機場(Munich Airport)轉機，他就因此而認識了德國，或者只是因為曾在蘇伊士運河(Suez Canal)看到了它的沿岸，就可以說他認識了埃及。但至少，他可以確定有這麼一個地方存在，並且對它有一些相關的印象。而如果來自一大票自由旅客的印象，都有著共同特徵的話，那麼我們就不能說，旅客們只是在做夢而已。

在醫學上的人工復甦術愈來愈進步的情況之下，已經有愈來愈多的人由臨床死亡的狀態之中，被搶救了回來。由醫學科學無法偵測到生命訊息這一方面來看，這些人其實都已經死了。但不論是由於持續不斷的科學人工復甦術，或是經由其他的一些管道，他們卻都活了過來。這一點對於研究靈魂不滅，當然提供了一個相當好、並且是更為擴大了的領域。

位於此一領域上的開路先鋒們，並非是一些心靈學家、或專業的靈學研究者，而是兩位醫生：一位是國際知名的演說家、同時又是精神科醫生與作家的伊莉沙白・古柏勒羅絲博士（Dr. Elisabeth Kubler-Ross），另一位則是曾藉由自己稱之為是有關於來世真相的、蒐集而來的一些證明資料，寫出數本暢銷書的瑞曼・小穆迪博士(Dr. Raymond Moody Jr.)。

這兩位醫生彼此獨立作業，在不知道對方的研究情況之下，卻獲得了相同的見解與結論。在那些抱持懷疑、以及唯物論態度的醫科同僚們的面前，古柏勒羅絲博士清晰而且富有勇氣的陳述了她的結論。這些透過其在死亡學(Thanatology)方面的涉獵，並經由臨終前幻象、以及瀕死經驗兩方面所獲得的結論是，她不但〔知道〕有死後的生命，更相信輪迴的真實性。在將一般大眾的看法由恐懼死亡，扭轉成對之富於理解、並深感興趣這一點上，她可以說已經做出了巨大的貢獻。她不但教會人們如何愉快的邁向死亡，也教導醫護人員們，如何幫助他們的病人去面對、並通過這個最為重要的過渡時期。

穆迪博士則表示，雖然他十分明白對一位科學家而言，他的證據並不足以構成具有結論性的證明，但他自己卻相當確信在這生命的終點處，還有另一段生命緊接在後。因為有許多在臨床上不具有生命跡象，並且由醫生宣告或推斷已經死亡，但是卻又活過來的人們，都提供自己在生死一線間來回的經驗。

雖然並非所有曾經歷過死亡之旅的人們，都有著非常一致的經驗，但在這麼多曾往返生死一遭之人的感受當中，卻可以找到某些重要的特徵。而經由這些共有的認知、經驗以及印象，我們可以對許多人在臨床上認定已經死亡之後，又發生了些什麼經驗，做一個整體的陳述。

首先，會有一個似乎是由遠方傳來的嗡嗡、或是鈴鈴的鈴聲之類的聲音；然後，病人會通過一個好像是隧道、洞穴、或深谷之類的黑暗地方。這兩項經驗，可能都是由於肉體內星靈體的一些經歷所產生的。

之後，病人通常會相當驚訝的體認到，自己已經不再是肉身了。他看到了躺在床上或也許是在手術檯上自己的肉體。並觀察著醫護人員們的一舉一動，聽著他們彼此之間的對話。他會試著和他們說話，但這些醫護人員們是既聽不到、也看不見他。也或許他想安慰一下悲傷的家人，但沒有一個人知道他的星靈體的存在。雖然如此，他似乎仍擁有一副和躺在床上、毫無生氣的那副軀體一模一樣的身體。

在這一段時間裏，他不但會經驗到擁有雙重意識，並且可以同時看到圍繞在屍體旁的人們、以及來自其他空間的實體。而且當前者都看不到他的存在的時候，後者卻看得到他，並且還和他說話。這些實體也許是些早已過世的親友，或是其他的一些護佑靈。這些存有物們不但給他帶來了安慰、解開他心中難解的結，並且還告訴他將一切安好。通常來說，他們似乎都知道病人並不是非死不可的，不過並也不是每一次都是如此。他們也許會告訴病人他的時辰未到，然而通常的情況則是，病人會感覺到那協助者帶著他跨過生死界線。

在那些又活了過來，並且訴說自己遭遇的人之中，有許多都曾遇到過一位偉大的精神實體，他們稱之為光的存有(Being of Light)。這道光線的光芒本身，就是件最令人震撼的事情。沒有一個人曾在這道光之中看出任何人物的形象，但是他們卻能感到有一位巨大、溫暖，並且充滿著愛的人物在那兒。在由這道光之中流洩出來、並且包圍著他們的光體之中，這些人感受到一股深刻的愛與瞭解。有一些人試著辨識出在光輝之中的人物是基督、或者是一位巨大的天使。有一些人則無法辨別出來。不管是具有宗教信仰的、或是不具備信仰者，都曾接觸過這個光的存有，而且陳述這是他們死後經驗之中最美好的一個部分。

這個實存的存有物出現一會兒之後，便會開始和病人溝通。他的溝通方式是以心電感應的形式進行的，其內容則類似於「你已經準備就緒可以走了嗎？」或是「你對於此生所做的一切，感到滿意嗎？」這類的問句。

這些問題之所以提出，並不是為了要對病人加以責難或者定罪，相反的，伴隨著這問題而來的，是一種全然的愛與瞭解。提問題的目的，似乎是要讓病人檢視自己的一生，幫助他去瞭解生命的目的。

接下來，就在驚人的一瞬之間，這位當事病人便從頭到尾的回顧了自己的一生。然而它並不像是一般的回憶，其速度之快，就好像所有的事情都在同一個時間出現一般。在塵世所認為的剎那之間，病人可以看到並且回顧其一生，非常的生動、色彩鮮明，並且是三度立體空間的。

有一些人甚至可以清楚的感受到，每件事發生當時自己的情緒，另一些人則還可以感受到與這些事件有關之人的情緒。從某個角度來看，這樣子很像是在看一場電影，只不過觀眾就是電影中的主角。而就在這樣看自己、感受到自己又活了一次的當下，人們可以由一個較高的視野來審判自己。

因此，這個回顧有一點像是某些宗教教義中所說的個別審判，只不過是靈魂自己審判自己罷了。而那位偉大的存有物，則單純的站在一旁，只是給予此人一個審判自己的機會。但是透過這次的審判，靈魂卻可以由過去自己所犯的錯誤當中，學習到一些寶貴課程。在這些課程當中，最為寶貴的兩個項目是：第一，我們必須學會去愛每一個人；第二，我們必須繼續不斷的去獲取知識，一直到生命結束的那一天，因為學習乃是一項在死後依然持續進行的過程。

由於得以窺見到死後的生命、存有物、以及天堂勝景等，是一件如此令人歡喜、並且振奮的事，因此，大多數有過這項經歷的人，都不願意再回到其肉身裏去。

話雖如此，他們終將明白自己必得回去。緊接著，有一些人便會感覺到被引向一個死亡時所通過的黑暗隧道裏去。然後，他們便跌入無意識的狀態之中，直到感受到疼痛、以及由身體所帶來的痛苦之後方才醒來。其中有一些人會告訴醫生及親友們，當他們認為他已經是具沒有意識的屍體時，在他的旁邊做了、或說了些什麼，而這往往令那些人感到相當的驚訝與困惑。

凡是有過這種經歷的人，對於這項經驗的真實性與重要性，絲毫都不曾感到懷疑過。他們說，這和幻覺是完全不同的兩回事。輕掠過死亡、以及瞥見此一聖境的經驗，深深的改變了他們的生命，並使他們得以用一種新的眼光，來看待生死之事。對於新的知識，他們的態度變得開放而不抗拒，並且迫不急待的想要立刻再度學習。而先前封閉的心靈，也轉向對神的愛開放，並且還將這份愛傳播於眾人。許多有關來世的傳統教條都消失了，唯物論的教義也再站不住腳了。然而在這所有影響之中最為顯著的一點，也許是那位曾經「死去」的人，再也不會畏懼死亡了。

在這些死而復生的人當中，有一位是住在加州橘縣(Orange County，California)的我的老友華特・考恩(Walter Cowan)。他曾經歷過上述概要中的部份經驗，但不是全部。

當我認識華特時，他早已經是七十高齡了，並且在生死兩界都饒有成就。他是位白手起家的百萬富翁，並且在精神開悟方面也頗有進展。最後，他終於經由不同的路徑，追隨了聖薩提亞・賽巴巴(Sri Satya Sai Baba)。

在西元一九七一年耶誕節的這一段期間，華特和他的太太愛爾西(Elsie)住在印度馬德拉斯(Madras)一間著名的旅館裏。他們之所以會出現在馬德拉斯，是因為賽巴巴本人要到那兒去訪問的緣故。

此時另一位美國商人，同時也是這位精神領袖的追隨者，約翰・希斯洛(John Hislop)也正在馬德拉斯，他目睹了那個耶誕時節所發生的一些奇怪的事件。並且將這些事件用錄音帶錄製成了一篇報導，其內容日後出現在許多的報章雜誌上面。接下來我所要引述的部分，正是希斯洛那篇報導中的一些高潮片段。

「耶誕節的清晨時分，在為了賽巴巴的到訪而聚集在一起的信徒當中，流傳著這麼一則消息：有一位美國人突然心臟病發作了。聽到這個消息之後，我和內人便立即趕赴考恩下榻的旅館，到了那裏，愛爾西告訴我們她的丈夫已經過世了。

「華特的遺體，已經由救護車送到醫院去了。

「在我的要求之下，馬德拉斯的達莫達爾・羅(Damodar Row)法官，和那位在華特到達醫院之後，負責照料他的醫生面談了一番。那位醫生說，在救護車到達醫院之後，他很快的便為華特進行診斷，當時他的確是已經死了，沒有絲毫的生命跡象。於是他便宣告病人死亡。遺體在覆蓋上白布之後，便移往一個空房間裏。

「就在那一天稍後，愛爾西和她的朋友拉坦諾(Ratanlal)太太一起到了醫院，她們看到賽巴巴已經在那兒了。然而令她們更為震驚的是，她們發現華特竟也活生生的出現在那裏。

「賽巴巴向他的信徒們宣稱，他確實令華特活了過來。」

當華特身體康復到足以前往邦加羅爾（Bangalore，印度南部的一個城市——譯者按），也就是賽巴巴前往的地方時，堅尼斯華倫(Ganeswaran)醫生便成了他的主治醫師。認識這位醫生已經有好些年的約翰・希斯洛說：「他已經拿到了華特的病歷，上面有他患有長期糖尿病，以及其他各種患病情況的記錄。」這位醫生於是親自為他做了一些檢驗，並且發現糖尿病以及其他疾病的症狀，都已經完全消失了。

後來，華特在加州的私人秘書說，他由「死亡」之中復活之後，心智變得「年輕了二十歲」。也就是說，基於某些神秘的理由，他臨床上的死亡經驗，已經改變了他罹患慢性疾病的身體，並且使他的心智都恢復了青春。

關於自己在死亡彼岸所經歷過的一切，華特是這麼說的：「我發覺自己非常的平靜，處於一種美好的幸福狀態之中；主賽巴巴就在我的身旁。在那兒沒有焦慮或恐懼，有的只是非常強烈的幸福感受。

「接著，賽巴巴帶我到一個非常大的廳堂裏去，有成千上萬的人鬧哄哄的擠在那兒。在這間廳堂中，存放著我所有的前世記錄。賽巴巴和我站在法庭的前面。那位負責這項事務的人和賽巴巴熟識，他調出了我所有的前世記錄。由於他為人非常的和善，使我覺得無論判決的結果為何，對我的靈魂來說都是最好的。

「我的記錄被拿到大廳裏來，有雙臂環抱那麼多的卷軸。當他們宣讀其中的內容時，賽巴巴就在一旁為我翻譯。剛開始的時候，他們提到了一些幾千年前就已經不存在了的國家……然而等到他們唸到大衛王的那個時代時，我身處於當時的前世，就變得比較令人感到興奮了。

「閱讀活動持續的進行著，看起來似乎只有動機和人格等，才是真正具有價值的。……每當輪迴轉生於不同的國家時，我都會完成我的使命，那都是一些與和平以及精神性活動相關的事務。

「大約兩個小時之後，他們唸完了所有的卷軸，主賽巴巴說，我還沒有完成我此生的工作，並且要求法官讓我隨他回去，去完成宣揚我所經歷的這件事實的任務。他央求讓我的靈魂回歸到肉體裏去，而在他的美意之下，法官大人於是說『照准』。

「這個死亡事件就這麼解除了，而我則隨著賽巴巴回到了肉體之中。對於要離開這個美妙的幸福之地，我感到有些踟躕不已。我看著自己的肉體想，回去那兒就好像是踏進化糞池裏一樣，但同時我也明白，最好是繼續完成自己的使命，那麼最後，我就可以和主賽巴巴融合在一起了。因此，我跨回自己的身體，就在那一瞬間，所有的一切又再次開始：試著呼吸，病入膏肓，卻還活著。」

在聽完華特的描述之後，約翰・希斯洛問薩提亞・賽巴巴說，這是一種幻覺還是確有其事？賽巴巴回答，那是一項身歷其境的真實經驗。於是他又問，是不是每個人在死亡的時候，都會有著相同的經驗？賽巴巴說：「不一定如此；有一些人會有相同的經驗，有一些人則不會。」

華特・考恩經驗中的主要特徵，和穆迪博士所研究的，經過臨床死亡者所經歷過的事件之中，有許多相同的地方。考恩看到自己的肉體躺在床上。他經驗到有一股強大的寧靜、幸福、與美好喜悅的感受。他見到了一位援助精靈，他自己的paramaguru，也就是薩提亞・賽巴巴，一位雖然並未死亡，但神識卻可以依意志而存在於任何時空的人。他在這位援助者的引導之下，進入一個死後的景致之中，在那兒接受他的經驗所給予的幫助，然後再回到自己的肉體之中。

然而這次的前世「回顧」，和上述所說研究的典型模式，依然有好幾處不同的地方。例如，情景並非像電影一樣在眼前出現，而是由卷宗裏讀出來的。而在回顧許多世的時候，是以華特的文化背景、以及理解能力所能及的方式進行的；而他在精神方面的探索，由於大多是印度教義上研究，因而使得他能夠完全的接受輪迴的事實。

就像大部分在研究當中具有這類型經驗的人一樣，華特是非常勉強的回到肉體之中的。由於在此次經驗之前，他就能夠做到靈魂出竅了，因此對於死亡，他並不像一般人那麼的害怕。但在臨床死亡的經驗發生過之後，他就再沒有絲毫的恐懼了。

在又度過十八個月快樂、健康的生活，完成了他有生之年應當做的一些事情之後，華特終於以八十二歲之齡，在位於橘縣考恩高地(Cowan Heights)的自宅中，平靜而安詳的去世了。

取材自很久以前過世的活人

在臨終前幻象、以及死後經驗等這些死亡的內情之中，有一部分可以透過另一種完全不同的研究方向而獲得支持，此亦即由那些早已經歷過死亡，現在又再度活在世間的人的記憶內容獲得支持。至少，透過催眠回溯前世記憶所獲得的結果，就和它如出一轍。還有極少數逃過了喝孟婆湯，並因此而不需要仰賴催眠就可以憶起前世生死的人，也同樣足以提供證明。

由研究人員們所進行的深度記憶回溯，其研究的目的，通常是為了要檢測有關於前世的證據，以及輪迴的真實性。話雖如此，這些接受催眠的人們，卻往往同時被喚起有關前世死亡的鮮明記憶。

近幾年來，已經有為數相當多的研究人員們，在這個領域進行研究的工作，並且有幾位相當受到大眾的注意。

加州舊金山灣的實驗員，哲學博士海倫・萬巴赫(Helen Wambach)，在一份名為《心靈》(*Psychic*)的雜誌（西元一九七六年十一月／十二月）上，發表了一篇文章，內容是她針對幾乎有一千件的前世案例所做的研究報告。關於這些死亡的情形，她是這麼寫的：「在進行催眠活動之時，我引領著這些參與活動的人進入前世的死亡經驗之中，看看他們所做的描述，和那些曾經瀕臨死亡，卻又再度甦醒過來的人所說的內容是否吻合。如果當事人對於死亡心懷恐懼的話，我讓他們自行決定要不要進行這個部分，而大約百分之二十的案主，會跳過這一部分的經驗。

另外約百分之八十對於進入死亡的記憶已經有充分心理準備的人，則透露了一些有趣的事情。他們之中大部分是因為疾病而自然死亡的，有許多還活到了高壽。其他的則是由於意外、或是在戰爭與小規模的衝突當中慘死，還有相當大比率是在分娩時死亡。後者往往憶起自己是在痛苦與悲傷之中死亡的。但是那些在戰爭或其他衝突之中死亡的人，則通常並不會比自然死亡者，遭受到更嚴重的精神創傷與痛苦。

「事實上，一般在戰役中流血而亡的，在死亡的剎那會出現一種解脫、以及愉快的感受。在接受實驗的人當中，有一位是在二次世界大戰時，被大砲的砲彈給炸死的。在催眠的狀態之下，我要他看一看自己的屍體，於是他回答說：『沒有屍體，都炸不見了。哇，這種死亡方式真是過癮，現在我瞭解到這不過是一場遊戲。』

「也許最愉快的死亡方式，是因為太老而導致自然衰竭。『我並非真的有病。我之所以離開這副軀體，是因為時候到了。我已經把該做的都做了，並且感到非常的疲倦。』

「在我的個案之中有百分之六十三的人表示，就在死亡之前和靈魂離開肉體之後，有一股解脫以及平靜的感覺浮現。另外百分之二十三的人，則在死亡的時候湧現出一種超脫的喜悅感受，他們描述這是一種飛向自由的、很棒的一種感覺。表達這時候感覺的最常見的一種方式是，『躺在那兒的屍體，看起來是那麼的小。我很高興自己再也不用受到它的拘禁了。』有的時候，當時的情緒會是『那是一段乏味而受到局限的生命。我很高興自己再也不需要忍受那些限制了。』

「在我取樣的個案之中，只有百分之十二的人，在死亡的過程當中感到恐懼、傷心以及遺憾。這些人大多數是因為難產而死亡的婦女，或是一些感覺到自己還有工作尚未完成的人。

「對我個人而言，最令人驚訝的統計結果是，雖然在我的案主之中，只有相當少數的人不具有關於死後生命的宗教信仰，但對於自己在死亡之後依然活著而感到驚訝不已的，也不過是佔了百分之三而已。這可以意味著許多事，但對我而言它不啻指出，幾乎所有的人在潛意識之中，都相信自己在死後依然得以倖存。」

當這些接受實驗者，經由催眠回到了史前時代時，可以發現大部分的人，在當時都是從事農業活動的鄉下人。死亡對他們而言，是生命之中公認不受打擾的一部分。「生死之間的過渡過程，似乎是既自然又輕鬆的；時候到了，我就走。」許多人認為他們之所以會有這樣的想法，是因為前世的記憶又再度恢復的緣故。

另外有一個讓人非常震驚的例子是，英國精神病醫師亞瑟・吉爾漢博士(Dr. Arthur Guirdham)的一位女病人，在沒有催眠回溯的幫助之下，自行回憶起了她的一段前世，以及一次可怕的死亡經過。他第一次會見這名病人時，是因為她連續不斷的做著噩夢。之後，他便升任英國巴思(Bath)醫院的首席精神病醫師。

由於她所憶起的十三世紀生於法國南部的一段前世，其內容是那麼的清晰而明確，因而令吉爾漢博士感到相當的驚訝，並因此決定親自前往當地去探究它的真實性。在那裏，他研讀了一些只提供給學者們做特殊研究用的古代手稿，而這些資料則顯示出，他那位病人所描述的十三世紀時候的人們、地點以及事件等所有細節，都是正確無誤的。在這些歷史性文件之中，他甚至還找到了一些謄寫於中世紀法國的歌曲，這都是那名病人在此生的兒童時期，所唱的一些曲調。

這位婦人的前世，是土魯斯(Toulouse)當地的一個異教組織，也就是清潔派的一員(Cathar)。有關於這個教派的各種儀式、建築的設計、人們的家族與社會關係等，歷史性的書籍上都沒有談到過，只能透過有關清潔教派的研究記載獲知，然而她在這方面的知識卻是完全正確的。吉爾漢是在研究這段歷史時期的法國學者專家的協助之下，進行他的歷史調查工作的。他說，擺在面前的這些證據，使得他無從選擇，只能接受輪迴的事實。

他的這名病人記起了清潔教派所遭受到的屠殺事件，以及自身遭火柱之刑而死亡的所有細節。這種死亡所帶來的精神創傷，是造成她週期性噩夢的主要原因。同樣的，它也可能在隔離這位女士之前世的遺忘之牆上，爆裂出一條裂縫，將更多的古老記憶帶到她的生命之中。

稍早的時候，她曾經將有關於自己死亡的這個噩夢，用速記的方式給記了下來，並謄寫了一份給吉爾漢博士。在這份記錄之中，她描寫出那種令人發狂的疼痛，那種使得她忘了向上帝禱告的異常痛苦；以及當她發現血液由心臟大量噴出時的驚訝感覺；和希望這些噴向嘶嘶烈燄的鮮血，能夠將火苗撲滅等。她說其中最可怕的部分，就是當火舌步步逼進，即將剝奪採摘她的雙目時，心中所湧現的恐懼；她想要將雙眼閉上，卻因為眼瞼已經被火燒掉了而無法如願。

然而最令她感到驚訝的事，卻是在她忽然感到全身冰冷、麻木的時候發生的。她開始狂笑，愚弄那些想要燒死她的人們。她想：「我是一名女巫，我將要把這火變成冰。」透過這些針對瀕臨死亡、以及已經死亡的病人所做的研究，死亡的某些面相已經被凸顯了出來，至於牽涉到其他研究領域的部分，則有待於另一位研究人員的證實與解釋。

羅伯特・克魯寇博士(Dr. Robert Crookall)在提前由工作崗位退休，獻身於心靈方面的研究工作之前，是英國地質學研究方面的個中翹楚。他的研究方式，是針對在招魂術以及心靈研究兩方面所提出的所有證據，去加以檢測。當然，自一八五〇年通靈人物的溝通開始，一直到三十年後研究人員們以科學方法論來加以驗證，這一方面的材料已經累積了相當的數量。克魯寇企圖在這些證據之中，找出它們內在的一致性，不論它們是取之於眾人，或是在文學研究之中獲得。如果在這些由不同來源所獲得的證據當中，有一個顯著的特徵一再的重覆出現，他便將它視為富有深意，並且可能是一項真實的經驗。

在一份和一般人死亡時的命運有關的摘述當中，他透過其他研究結果的觀點，提出了一些有趣的看法。他表示，一個自然死亡的人（相對於突遭橫禍死亡），不但潛意識裏知道自己行將就木，並且會對另一個國度發出心電感應式的「呼叫」。但這名快要死亡的人，並不會自覺到自己正在進行這麼一項心靈的活動。然而，卻也由於這一個「呼叫」的行動，在死亡的一瞬間，會由彼岸喚來某一位人物，通常會是位自己所鍾愛的人，或是一名偉大的精神性的援助者。

至於那些突然死亡的人，則由於來不及發出心電感應式的「呼叫」，因而使得來自靈界的援助，大部分都會有所延誤。這一耽誤也許時間很短，也許很長，而在這一段期間裏，靈魂往往會感到十分的困惑，不知道自己的的確確已經死亡了。

由另一個切近的觀點來看，克魯寇認為，死亡時由肉體升起，並與肉體十分相似的靈體，是由星靈（靈魂）體和靈氣的傳送媒介(etheric vehicle)二者組合而成的。它的脫離肉體，象徵著連接靈體與肉體間的「銀線」(silver cord)的斷裂，而這亦將形成最終、並且無以挽回的死亡。只要銀線尚未斷裂，靈魂都可以被召喚回到已經明顯死亡了的肉體裏去。然而這條線也許很快的就斷裂了，也許在臨床死亡之後，還會持續好幾天才斷裂，但是，通常這個過程不會超過三天。

在銀線仍然完好之時，即將死亡的人會同時、或穿插的看到兩種影像，一個是訴諸於感官的世界，另一個則是超越感官的世界。

病人在真正死亡之前，由於神識離開了肉體，在星靈體上重新建立起來，因此通常會發生短暫的昏迷狀況。這也許就是病人感到自己穿越一個黑暗的通道、洞穴或山谷的那一個片刻。

由於對此生做一個簡短的回顧，大約就是在這個時候發生的，因而它往往是在昏迷之後出現。至於比較費時的審判，則要在傳遞靈氣的媒介完全袪除之後，才會加以展開。這個蛻去的階段，克魯寇稱之為第二次的死亡。接著下來，那個超越生死輪迴之上的高等自我，會針對這一世的個別自我所經歷的一切，做一個整體的回顧，並且為之下一個評斷。記憶的長廊此時會適時的加入，而此生的種種，則會一幕幕的在當事人的眼前掠過。他不僅會再一次感受到自己當時的情緒與想法，同時也能感受到與這些事件相關的人物的心靈活動。他看到了自己所犯的所有錯誤，以及所有的罪行。

蒙上蒼的垂憐，他同時也會看到自己曾基於親切與同情，施予他人的一些小恩小惠，以及為了幫助同伴而做出的無私奉獻。這些行為表現也許少的可憐，但對於一個正為自己犯錯累累，並且缺乏愛與瞭解而感到悔恨不已的疲憊靈魂而言，它們卻具有激勵的作用。

這聽起來很類似那些臨床上已經死亡了的人，在見到光體時所經驗到的「回顧」過程。這個光體，也許即是那光輝燦爛的高等自我，也就是Manasa Taijasvi（光彩奪目的高等自我）。它是靈魂的真我，並且最後將會與靈魂合而為一。

雖然如此，這裏有一點仍需要做一些說明。當臨床上已經死亡了的人，經歷到回顧自己一生這個部分時，他似乎並沒有蛻去靈氣的傳送媒介，也沒有通過「第二次的死亡」。在第二次死亡發生之前，第一次死亡是必須要加以完成的。然而根據克魯寇所言，如果靈氣傳送媒介仍然在身的話，那麼靈魂是無法經驗到回顧的。

因此，我們只能這麼推測，在瀕臨死亡者所做的回顧例子當中，靈氣傳送媒介仍暫時的和肉體相聯。然而這種情況，僅僅在它做為兩個身體間的橋樑時才會發生。此時，星靈體可以脫離肉體而行動，離開那仍然受到肉身牽制的靈氣傳送工具。然後，自由的去體驗和光體——也就是那個監督自我評斷進行者——會面的美好經驗。

這一點，或是某些類似於此的觀點，就如同蘇格拉底過去所說的，也許就是事情的真相吧。

在隨後的章節之中，我們將嘗試跟隨著靈魂艱難的旅程，深入那未知的國度，由生死的邊界，進到死亡之域的主要高地。

§第五章§

來自於見證者的內容

我曾身處於最明亮的天國，
依偎在發自於祂的光亮旁，眼見祂所說的事物，
回返至此地的祂，既無技巧亦無知識；
因為一旦技巧或知識接近其所臆想之對象時，
我們的智力便會深陷其中，
永遠無法折返其所來之徑。
但無論此一神聖王國為何，
都將放置於記憶的權能之中加以珍藏，
並成為我的主題直到曲終。

但丁・神曲

通神論的重要見解

由於倫敦通神學會一位會員的偶然建議，竟因此引領著我在追尋死亡意義這一方面的研究上，獲得了長足的進展。事情是這樣的，在羈留於歐洲四年之久後，我和這位朋友正準備要回澳洲去，在回程的路上，我們按行程須在印度稍做停留。在印度時他對我說，我們應當加入智論學派(School of the Wisdom)。這個學派每年一次在通神協會(Theosophical Society)位於馬德拉斯(Madras)艾達爾(Adyar)當地的國際總部，接受它的指導。

由於我們已經加入通神協會有好些年了，同時又很想深入瞭解通神的概念，因此，我倆便決定加入智論派。對方告訴我們，課程為期是六個月，由十月到來年的三月底，至於上課的內容，則是有關於建立通神學(Theosophy)的一些古代的智慧。因此，在一九六四年的下半年，我們便由義大利的熱那亞(Genoa)海港，搭乘荷蘭貨船來到了印度。

這個學派那一年的研究指導，是目前已經過世了的塔曼尼(I. K. Taimni)，他是一位醫學博士，同時又是這一個領域當中最傑出的通神學家與神秘學家。至於這個學派的領導人物，則是如今已經謝世了的斯里蘭姆(N. Sri Ram)，他是通神協會的主席，同時也是一位虛懷若谷而優秀的哲學講師。另一些著明的講師則有：英國籍的傑弗里・哈德森(Geoffrey Hodson)，以及美國籍的一流通神學家詹姆士・柏金斯(James Perkins)。

古代的印度智慧就好像是一株高大而健壯的榕樹，主幹部分固然是在印度，但是伸展開來的枝葉，卻在世界上大部分的國家裡入土植根，並厚植各個偉大宗教的根本。在研讀了它的中心根本思想之後，我們計畫要漫遊整個印度，去瞭解一下為這株智慧之樹提供了充足養分的這片神聖土地。

然而，由於我們所要探討的主題是死亡的意義，因此在探討時，必須先自我設限在有關於這一方面的智慧。

在上個世紀通神運動的幕後推動者　，也就是偉大的名家白社(White Lodge of Adepts)中，有好幾位聖哲在死亡的意義這一方面有所立說，由他們寫給錫尼特(A. P. Sinnett)的公開信中，我們可以看到他們在這一方面的觀察和研究。

接下來，通神界的第二代領導人物，特別是李德比特主教(Bishop C. W. Leadbeater)和安妮・貝贊特博士(Dr. Annie Besant)兩人，則分別發表了更多有關於這一方面的著作。這些內容，目前已經由海軍中校亞瑟包威爾(Arthur E. Powell)做出了總結。

關於他們的研究方式，包威爾寫道：「通神研究最主要的技巧，就是運用意志力，將意識轉換成星靈狀態，或甚至於心靈（天國）的狀態，然後將那些再度回憶起來的過往經驗，再一次帶回到大腦意識之中。大部分的通神知識，都是運用這種方式導引出來的。」

因此和靈魂研究相較起來，他們的方法是運用精神或超意識的狀態，去經歷那個肉眼難見的世界，並且將他們所發現到的，亦即靈魂在通過死亡大門之後所歷經的一切，向世人報導出來。

起初，安妮・貝贊特是和李德比特攜手致力於這項研究工作的，然而在一九一二年，亦即貝贊特接掌通神協會會長五年之後，她就將大部分心靈研究方面的工作，交付給李德比特了。

查爾士・韋伯斯特・李德比特是一位非常有名的英國人。他在擔任英國國教牧師時，還是一位籍籍無名的人。然後在一八八〇年代時，他會見了當時正在英國訪問的著名神秘學者，也就是勃拉瓦茨基女士。這次的會面，無論是在知識、覺知、以及內心的渴求上，似乎都為這位英國籍的助理牧師，開啟了某種深刻的源泉。後來不久，他便和創建通神協會的其中一位聖哲有所接觸，並且最後還因此離開了教會，和勃拉瓦茨基女士一同前往印度。

剛開始時，他在協會中的主要工作，是負責從事為佛教徒們設計新的教育課程。接著，他便擔任安妮・貝贊特的首席助理，並且將許多時間花費在有關於陰陽的研究、演講，以及寫作的工作上。稍後，他又協助建立自由派天主教會，並且成為首任的主教之一。就像許多著名的公眾人物，特別是那些擁有超能力的人一樣，李德比特成為一位備受爭議的人物，並且直到目前為止依然如此。

對於死亡這片未被發現的領域，以及在那裡的生活形態，李德比特可以說比任何一位聖人、神秘團體，或至少是我所熟知的任何一個團體，都提供了更為詳盡的報告。

當然，我們並無法運用外在五官的感覺能力，對這些飛越生死界線者所說的超感官世界，進行真偽的檢測。因此，如果我們完全尊重他們的報導，那麼就應當在信念上，或透過對於真理的一種直觀，暫時的接受他們的說法。如此一來，我們便能對這些「旅人們的故事」彼此間的不同點，以及它們和宗教教義間的相異之處，進行比較的工作，並且也能夠站在一個比較客觀的立場，去判定它們的根本價值。

通神學研究人員證實，智論學派教義中所探討的，世人所期待的超越死亡境界，可以區分為兩個主要的層面。也許在不同的神秘文學當中，我們可以發現到它們分別以不同的名稱出現，但在此，我們將採用通神學上所使用的術語，稱這兩個層面為星靈層(astral plane)和心靈層(mental plane)。

從某一方面來說，這兩個層面以及位於它們之下的各種不同形式的細分，也許都可以被稱之為意識的狀態。從日常生活經驗當中我們可以得知，一旦人類的意識狀態有所改變，此時環繞在其周圍的環境內容，在人們的眼中也將隨之而產生變化。舉例來說，我們在夢中所看見到的世界，和我們在清醒狀態之下所看到的完全不同。再者，當我們的意識在某些特定藥物，例如迷幻藥(LSD)的影響之下產生變化時，那麼存在於我們面前的，亦將會是一個完全不同的世界。夢的世界、藥物影響之下所看到的世界，以及在昏迷狀態下所看見的世界等諸如此類的，在產生當時，對於相對於這些境界的認知者而言，就好像是在清醒意識之下所見到的物理世界一般的真實。

在此類景象當中，是否有任何一項的內容確實是真的?事實上，科學已經顯示出這一切不過是能量在一定比率的波動之下，以固定的模式運動罷了。因此，這個物理世界並非像我們所想的那樣；我們所認定的物理世界，其實是在那些以固定方式影響著人類感官的能量模式上，設計出來的心靈概念而已。

死亡使得意識產生重大的改變，而這項改變則設計出另一個世界，一個似乎和我們生前所見的物理世界一般真實的新世界。然而事實上，它是似幻又似真的。這就是所謂的星靈層。而且就像物理層面一樣，它是透過具有嶄新形式的能量（是以星靈的質料而為人所知）的影響，任由心靈在細緻的感官上創造出來的。就像所有的現象世界一般，星靈層和心靈層兩者，就如同實在世界一樣的逼真。然而真正的實在界，卻是超越在它們之上的。

星靈和心靈的層面，並不屬於我們所處的三度空間。它也不存在於天際之外的某個地方，相反的，它們就在我們所在之處。而我們想要到達那個地方的唯一通道，就是透過意識之旅，而這也正是具有陰陽眼的研究人員們所遵循的道路。意識上某些特定之處的改變，能將任何一個人帶往微妙的內在世界。

通神學在星靈層之下，又區分為七個等級。其中最低的一個等級，是以物理世界當中某些扭曲的部分，做為它的背景。這是一個黑暗、令人沮喪，並且幽悶的地方，其形式就好像是古代典籍當中所說的冥府一樣。大約在四千年以前，埃及人描述阿尼神(Ani)曾造訪過這個下面的世界，並且將所看到的情景，書寫在他的紙草上，「那是個深不可測的地方；就像暗夜一般的黑，人們無助的在那裡徘徊著；居住在那裡的人們，在心靈上將永無寧日。」

由這個令人沮喪的黑暗地方攀緣而上，我們將會發現另一些屬於下面的世界，它們和人間有些類似，但卻變得更為明亮；再繼續往更高處攀爬，我們將來到一個光輝燦爛的世界，「星靈」這個名辭所表彰的光輝閃耀之意，在此籠罩著這整個地方。

在星靈層的中間地帶，是大部分一般宗教與神話上演的區域。此處有烈士紀念堂、快樂的狩獵場、樂園、夏日勝境，以及各種天堂等。

越過隸屬於星靈層的七個等級當中的最高層之後，就是所謂的心靈層了，這個層級在通神學當中，被視為是屬於天上的層級，或是所謂的提婆禪(Devachan)。同樣的，在它的下面也區分為七層，每爬升一級，就變得更接近天國，並且更具有精神的特性。心靈層當中最高的三級，同時也被視為是屬於因果的範疇，或是最高的天國。

至於通過星靈層最主要的目的，則似乎是為了要達到淨化的目的。在那裡，有許多重要的課程尚待學習，不論是殘餘的自私心態，或者是低級的欲望，在靈魂前往天上世界之前，都要在此處予以淨化去除。所有的靈魂，都必須通過星靈層中的七個階段。但只有最為墮落的人，諸如行暴力犯罪的人、酒鬼，和吸毒者等這類人物，才有可能會在這個層次最低的區域裡面，住上長短不定的一段時間。

一般謹守世俗常規的人，將會很快、並也許是在無意識的情況之下，脫離這個可怕的地方，然後意識清醒的發現到自己身處另一個境界較高的層次。但如果他們在世時是一個自私、追求逸樂、瑣瑣碎碎並且現實的人，那麼他們就得在某個屬於中介點的下面世界裡，待上很長的一段時間。

在星靈層的兩個最高階段當中，人們可以發現到許多不具備神聖特質的宗教人物，以及聰明的唯物論者。這些人物在那兒也許已經有很多年了，他們快樂的生活著，既不想利益眾生，在精神成長的路上，也沒有太多的長進。事實上，他們對於在自己所處的地方之上，還有任何比它更高的境界這一點，更是經常抱持著懷疑的態度。

在星靈層所待時間的長短，完全得視各人前世生活及其精神發展而定。某些極為出色的靈魂，似乎只要幾分鐘的時間，就可以通過此處直接前往天國。但另有一些靈魂則和他們相反，必須在那裡待上好多年、甚或好幾個世紀。根據李德比特所言，以人間的時間單位計算，普通人大約得在星靈層待三十到四十年之久不等。但對於那些處於星靈層的靈魂而言，則時間的長短就完全是另外一回事了，因為在那裡，時間所具備的心理特性，是遠比在人世間為強的。

人死亡之後，其星靈體的外貌與在世之時，實際上是如出一轍。它完全保留了在世為人時的外在形貌，只是有一些改變而已。例如，處於星靈狀態之下的人，自己可以任意決定要以年輕的、中年的或者老年的形態出現。大部分於年老過世之人，都會選擇回復到年輕時代的容顏，然而瑜伽大師聖・約克泰斯華爾・吉里(Sri Yukteswar Giri)，則選擇維持他老年時的形貌。

另外一點則是，星靈體較諸物質性的肉體，更能忠實的反映出此人內在的特質。因此，當靈魂變得更具精神特質時，其面容和形體都會映照出一種精神美。換句話說，處在最下層的靈魂，很快的就會因應其在世為人時的特性，呈現出一種野蠻的相貌。

天生具有陰陽眼能力的埃德加・凱斯(Edgar Cayce)，在描寫穿越星靈底層這一段旅程時說，在看到自己的肉體靜靜的躺在下面之後，他自覺深陷在一種具有壓迫感的黑暗之中。然後，他發覺到有一束光線由上面投射下來，於是便奮不顧身的朝向它去。

他說，「就在攀爬這條光徑之時，我再清楚不過的意識到，自己正穿過不同的界域，而且此處正有巨大的動亂發生。我看到有一些模糊不清，但卻非常嚇人的影子，以及那些在噩夢之中出現的怪誕形體，都正在最底層活動著。接著，怪物開始由四面八方出現，有一些怪物的身體顯得巨大而不協調。」

在到達他的目標，也就是一個令他感到精神相契的地方，和一群投緣的人們在一起之前，他又經歷了更多的情境以及心境上的改變。

那些服用了迷幻藥的人，在達到狂喜境界之前，也時常會看到一些醜惡、野蠻的形體，以及一種屬於較低星靈層的威脅性氣氛。

一般人在死亡之後一段時間內，會因為心靈的習性，而持續做一些生前所從事的事情。他也許會照樣走路、吃飯或喝茶等等，但最後終究會發現到生命形態已經有所不同了。藉由思想的力量，他可以由一處飛到另外一處，或者是以思想的速度，做瞬間的旅行。他不再需要吃東西，但如果感到有飲食的欲望，他也會嘗試吃一些。此外，他也不再需要為生活而奔忙；因為他所需要的一切東西，都在想望的那一剎那，便由塑形出星靈物質的心靈力量創造出來了。

有一些在世時工作太過勞累的人，也許會選擇渡一個長假，就好像某位工作過度的家庭主婦，為自己所寫的墓誌銘一樣：「別為我哀悼；再也不要為我而悲歎；我將永遠不再需要做任何事情了。」

然而許多星靈界的居民們，卻繼續從事一些他們喜歡做的事，或是做一些他們遺憾自己在世時所無法從事的工作。因此具有陰陽眼能力的人們便會看到，這些靈魂專注的從事著各行各業的工作，好比寫作、音樂創作、繪畫、指導初來乍到之人，以及照顧那些認為自己依然纏綿病榻之上的新居民。就好像人們在此間所做的一樣，透過這些經由創造和無私的奉獻所帶來的喜悅，在精神進展上，靈魂們同時也幫助了自己。

但對每一個人來說，並非在任何情況之下，都是這般親切而愉快的。對於那些需要痛苦加以錘煉的人而言，地獄同時也存在於那裡。然而，不論是巴比倫人所說的在地下黑暗之處，有七道牆的地方；日本人所說的有八重火、八重冰的地獄(Jigoku)；希臘人所說的冥府；或是基督徒所說的充滿火燄與硫磺的湖泊等，陰陽眼研究員們卻都沒有看到這類想像中傳統的地獄。雖然如此，地獄仍是在那兒的。星靈底層靠近人間的地方，聽起來就非常像是一個地獄。此外，李德比特以一種沉靜的語調告訴世人們說，還有更為低下的地方。這個他稱之為第八區(The Eighth Sphere)的地方，是一個毀滅之處。它是針對那些在世時墮落到了極點，沒有一絲一毫無私的想法，或是自覺到要去點燃這種念頭的人而設的。由於這種人永不改變的、極端的自我，注定使他無可救贖，也無法讓他從這種毫無靈性的人格中脫離。而且也正是這種虛幻不實的假象，使他只能朝著第八區走去，「關於這種緩慢的分解過程是怎樣一種經驗，最好還是不要描寫出來。」李德比特這麼寫道。

《大善知識信札》(*The Mahatma Letters*)是一本由名家們寫給兩位早期神秘學者的信，所輯錄而成的書，這本書中指出了另一個叫做阿維奇(Avichi)的地獄。庫德．胡米大師(Master Koot Hoomi)對此曾這麼寫著，那些將自己認同於罪惡的軟弱怪物，以及雖能明辨善惡，卻因為個人喜好之故，故意選擇了罪惡的人等，都會到那兒去。他們將會在阿維奇中遭受痛苦，一直到馬納萬塔拉(Manavantara)結束，也就是說直到現行宇宙不再具顯時。那時他們也將會被消滅。

在這些信件付梓之前，李德比特和貝贊特便曾指出，阿維奇就是位於左手邊路上，那些由於完全以自我為中心，而往錯誤目標奮力前進的法師等一類人的最終目的地。這樣的一個目標，和與上帝達成最終結合的神聖計畫，是完全相反的。那積極而聰明的法師，雖然達到了窮畢生之力所追求的目標，但也得到了他所應得的：完全孤立的阿維奇，也就是處在一種絕對孤單，與所有生命完全隔絕的狀態之下。因而他所致力於追求的天堂，實際上已經變成了他的地獄。

雖然像第八區、以及阿維奇這類的地獄，會帶來長時期的巨大的痛苦，但和基督教中所說的充滿火燄與硫磺的地獄，以及隨之而來的永恆磨難相比，卻還是比較仁慈的。

死亡之後，又以具體肉身出現的聖・約克泰斯華爾・吉里，曾針對自己在星靈層中的地獄、以及情況較好之處的所見所聞，向他過去的學生帕拉瑪漢撒・瑜伽難陀(Paramahansa Yogananda)，做了一些有趣的說明。他指出，對於善良和邪惡的精神體而言，在星靈層中有許多各式各樣、擺盪不已的不同區域。善良的精神體可以自由行經許多區域，邪惡的精神體則受限於特定並且有限的區域。他說，由其他世界中被驅逐出境的墮落天使們，身處在充滿晦暗色彩的星靈宇宙的底層，以便藉此償還他們的罪惡宿緣。他們之間將不斷有衝突磨擦產生，並且會有許多戰事報應臨身。

但是位於這片黑暗牢獄之上的廣大區域，則是閃亮而美麗的星靈宇宙區。在這裡可以看到千萬個人類的靈魂，這些靈魂大約都是最近從地球上來的。同樣的，在星靈層中某些特定的地方，也有無數諸如動物、仙人、妖怪、地精、半神半人、自然界的精靈，以及其他種種非人類的存有物存在著。這一點和通神學研究員所發現到的內容，可以說是相當符合。

然而，聖・約克泰斯華爾・吉里還提到另一個美妙而光彩耀人的地方，他稱之為希蘭耶洛卡(Hiranyaloka)。他說，居住在此處的人，都已經通過了一般在地球上死亡之後，所必須經過的星靈區域，只不過還沒有準備好要進入高級的因果世界罷了。這位偉大的瑜伽大師解釋說，他在希蘭耶洛卡的工作，就是要幫助這些靈魂們，讓他們做好進入高級因果層前的準備工作。

在通神學的著作當中，並沒有談到這片位於普通星靈層之上，比較特殊的星靈區域。但由於聖・約克泰斯華爾・吉里又稱希蘭耶洛卡是一個「天國」，因此，也許這就是通神學中所說的心靈層之下的某個區域，是星靈層居民們蛻去其星靈軀體之後，所必須前往的一個地方。

這個轉換的過程，一般被視為星靈的死亡，通神學作家們認為，死亡之後的星靈屍身，會落在一個特別的區域，這個區域通常被稱之為星靈的墓地。

無論如何，有部分的心靈質料，會伴隨著星靈或慾望體的外殼一起蛻去。這種情形之所以會發生，通常是因為思想與欲望過於糾結纏繞的緣故；由於這種纏繞不清的關係，於是一部分層次比較低的心靈產物，便存留在星靈層這個區域，而星靈的屍身則轉變成一般所知的「影子」的樣態。這種情況將使星靈體的生命得以繼續保留一段時間，並且能夠在既定的環境之下，鼓舞他朝向更偉大的生命形式發展。

雖然如此，但根據羅勃特・克魯寇所做的研究顯示，許多星靈體的死亡，並沒有留下任何的屍鞘、外殼或者是影子。他指出，如果高級自我(Higher Self)在透顯出其自身時，便能夠對靈魂產生具有進展性的改良與淨化作用的話，那麼當靈魂在放棄星靈外殼之時，在無需放棄任何足以辨識的形式的情況之下，這個屍鞘將會立刻銷毀。

據他指出，這裡的人們並不像許多對肉體死亡懷有恐懼的人一般，那麼的畏懼星靈體的死亡。因為一旦時辰來到之時，他們便會陷入一種昏睡的狀態，並且在意識上有所轉變，等到清醒的時候，便會發現到自己正處在一個超越星靈層之外的光明世界。

以通神學的術語來說，這個下面區分為七個級數的偉大光明區域，就是一般人所知的提婆禪。它也經常被稱為天上的世界。在它下面區分出來的七個層次，可以約略分成兩大主要部分，層次較低的四個區域，又稱之為心靈層，而層次較高的三個區域，則稱之為因果層。在此，我們必須認清的一件事是，在這個區分為七個主要部分的天國裡，仍然有許多特別的區域或地方。基督即曾說過：「在我父的屋子裡有許多的宅院。」然而又有誰能說出到底是有多少呢？

當然，就像地球、星靈世界，以及其他每一個現象世界一樣，提婆禪是意識所創造出來的。然而，由於處於此時的靈魂的意識層次，和它在世時是完全不同的，因此，天國也就不像星靈層那樣，只不過是一個完美的地球的複製品了。

如同但丁(Dante)一般，這些能夠如此深入，並且看見、或只是驚鴻一瞥這些地方的炫爛奪目的調查人員們，在形容這些地方時，非常瞭解自己是辭窮技拙，難以形容其萬一的。

通神學作家以及演說家們早已經發現到，當他們談到提婆禪這個高級層次時，人們總傾向於認為那是一個夢的世界。然而誠如安妮・貝贊特所強調的，它實際上並不會比人間更像是一場夢。她說提婆禪是一種境界，是在很接近終極實體，那屬於人間和星靈層的兩層薄幕都已被扔到一旁的境界。因此身在天國的靈魂們在觀看周遭時，便再也不需要透過一層黯淡的玻璃帷幕。這個輕如蛛網、提婆禪質料的薄幕，能豐富我們在穿越神光時，所體會到的美聖與喜悅。提婆禪也可以被想像成一個超越所有現象界之上，一個有七重環繞的外在居所，那是靈魂最終的精神歸宿。

誰會去提婆禪呢？庫德・胡米大師是這麼回答的：「所有並非十惡不赦的人，都會到那兒去。」但只有非常少數的人在肉體死亡之後，會直接前往那裡，大多數的人則會先在星靈層中，經過一段或長或短時間的洗滌和淨化過程。

因此，除了那些自甘為惡、在第八區或阿維奇地獄這些地方遭受毀滅的人之外，所有的人都會前往天國。但卻並非永遠的待在那裡。除非是達到了最高階段，否則這個純粹幸福的地方，也只會是暫時性的。靈魂待在那兒的時間長短，將視其情況而有不同，但總有結束的時候。

那麼，到底又為了什麼我們要往那裡去？我們都是善惡的混合體，只是有比例上的不同而已。靈魂在處於星靈層的時候，大部分的惡性都得以脫落。剩餘下來的部分，則集中儲存在星靈的永恆原子，也就是來生的業力種籽上。

雖然如此，但也有一些是針對我們在剛剛結束的這一世當中，所擁有的善念、嘉行等，而給予的獎勵。在提婆禪這裡，我們所獲得的獎勵，是十倍於過去我們所行之善和任何無私的行為，以及為超越慾望所做的各種努力（如同柏拉圖的故事當中所建言的）。甚至於我們在世時所遭受到的那些並非出於自身錯誤，而是緣於共業所導致的非議與不公等，都可以在這裡獲得報償。正義的天秤，正是以這種方式獲得了平衡。

拋開以上所提的這些因素，在進化的旅程當中，朝向精神的目標前進，原就是靈魂的本性，而和星靈世界與地球之母比較起來，提婆禪可以說比它們更接近此一精神目標一到兩步。

誠如世界各國的經文當中都指出的，在天國世界中的生活，是一種真正快樂的生活。在那裡，沒有任何不和諧的事情會發生，既沒有悲傷、匱乏，也沒有衝突。當然，幸福的定義也會有所改變了。當意識上昇通過七重天時，幸福的界定便轉變成為更具精神性，並且是更為神聖的。但它始終都是真實而純粹的，不像是我們在地球所認知的，那種因對立而產生的衝突。就像賽巴巴所說的，地球上的快樂，充其量只不過是介於兩次痛苦之間的中介點而已，至於惡，也總是與善對立而爭戰不已。然而在這個高級層次之中，不但沒有痛苦，同時也沒有罪惡的存在。

只要稍微內省即可看出，在這地球上，為了創造挑戰和為生命增色，我們需要由對立所產生出來的衝突。因此很明顯的，人類意識在朝向精神領域發展時，就必須要做極大的改變，如此才能接受天國的生命，並且充滿喜樂。

每一個靈魂待在提婆禪時間的長短，完全視其前世生命的表現，以及在精神進化上所達到的程度而定。同時也視其意識發展狀況，以及再過多久，他就會再一次感到需要由塵世生命所帶來的奮鬥與衝突而定。

某些靈魂也許只會在天國待上很短的一段時間。其他的靈魂，若以地球上的時間觀來衡量，則很可能停留數個世紀、甚或千餘年之久。然而，若和星靈層的時間觀比較起來，則提婆禪的時間觀是更為主觀的。那裡的生命，和我們具先後次序的時間觀、以及三度空間的概念等，可以說完全沒有任何的關聯。

雖然如此，靈魂最後仍將蛻去這一個虛幻的輕紗，縱使它是如此的脫塵而絕俗，然後再由心靈層朝向提婆禪中的因果層前進。此時同樣的，由於他們的意識發展還跟不上因果層中所需具備的條件，因此大部分的人便以一種如夢似幻，半意識的幸福狀態，在這兒做短暫的停留。然而總有那麼一兩次，他們的因果意識會得到片刻的清醒，並捕捉到令人驚異的崇高之美的影像。雖然這僅止於對天上世界的驚鴻一瞥，但卻能在來世生命的發展過程之中，激發出偉大的音樂、詩作以及藝術。這些作品正反應出作者想要再次獲得那瞬息得見，卻又再次失去的亮華的失落地平線。

至於那些意識全然清醒，境界層次更高的靈魂們，則是一些在世時嘗試過精神生活的人當中，最為熱切認真的一群；若以基督的比喻來說，他們是將大部分的財富積存於天國，但仍保留了一小部分在地上，並且最後還要回到地上的一群人。

在境界最高的那一層，也就是現象世界的頂點處，我們來到了「第七重天」。任何一位得見此處之人，都不會嘗試去描寫這個神聖的地方。一位神秘學家說，「凡人一旦聆聽過這神秘世界的和諧，便會在記憶之中永誌不忘，在痛苦以及悲傷之時，這份記憶更能鼓舞和激勵著我們。」

據說居住在那裡的靈魂，能夠在一次又一次的輪迴當中，將記憶完好無缺的攜帶回來。他們完全清楚自己在每一世生命之中所扮演的角色，並且能夠像閱讀劇本一樣的讀出來。在天上永恆之家最深處的法庭之上，他們明白在進化的規畫當中，為什麼上帝要他們化身為人，並且還能夠看到在計畫當中，自己是如何一世接著一世的，走到目前的這一步。這一定就是基督所說的天國。

在這兒的靈魂們，既沒有任何的財富遺落或屯積在人間，也未曾背負著會將他們召喚回人間的慾望或業力。其中有一些確實是會回到人間去，但也只不過是為了教化，或換個方式來講，是為了幫助人類的目的而回去的。這些原本不需要回去，但卻由於同袍之愛與慈悲為懷，而自願回到人間的靈魂，將進入神聖的涅槃(nirvana)境界，也就是和上天無以名狀的結合。

不過只有極少數的靈魂在肉體死亡之後，會攀登到這第十四層階梯的頂端。根據通神學表示，大部分的靈魂在攀登的中途，就會回到人間去了。為什麼會這樣呢?最主要的原因就是，他們還想回去，換句話來說，他們對於具備知覺性質的生命，也就是一般所謂的特里希納(trishna)，仍然懷抱著渴望。就如同吉卜林(Kipling)所說的，一旦殘留了些微的特里希納，那麼「他們就將再次回來，只要赤色的地球一旦滾動，他們便會再度歸來。」

歸來之日，他們會帶著隱藏著的人格傾向與執著。這些都是源自於必須償還的業力，以及前世善惡與苦樂的記錄等。

在更深入一層也是如此，只要靈魂依然具有特里希納，也就是具有知覺性質的生命，那麼他就無法完成自己的進化之旅。因為他並未能撕開無知的輕紗，認知到自己那真實而神聖的主體。換言之，他並沒能達到自己在通過現象世界，開始進行漫長的朝聖之旅時，所欲達致的目標。

有許多通神學方面的書籍，非常詳盡的描寫了再生的構作方式(modus operandi)。但是以一般用語來講，這裡所要表達的，只是普通人的情況。歸來的旅程是由因果層展開的。穿上了因果身的轉世靈魂，在通過心靈層以及星靈層時，便將這些層次的質料都吸納到它身上。這些都是在不由自主的情況之下發生的，並非有意識的去做。而對於即將展開的獨特生命而言，這些在投向地球之旅期間所集結而成的質料，將完全切合於心靈以及星靈體的形式。但是這些不屬於人世之物的質料，並不是立刻就可以堆塑出人類的外形，而是暫時以雲霧的形式，呈類似濕婆神(Shiva)陽具一般的卵形，環繞或內在於因果體之內的。

通過心靈和星靈層而回到地球的主體，並沒有具形的心靈和因果體，也許和那些往天國境界而去的一般居民們，也沒有任何的接觸。的確，那些往下朝著地球行進的旅人們的「轉換營」，或許和那些向上發展的廣大區域，是完全區隔開來的。那些朝向天國進展的靈魂們，應當可以清楚的看到轉換營裡的人們，也許從遠處看去，它正像一個個發著光的卵形物體，就像厄爾在遺忘之河沿岸所看到的，像「流星」一樣的迅速移動之物。

實體在進入地球的領域之前，都必須要經過一個關卡，在那裡，它的意識波會變得非常的低。只要過了這個「意識的障礙」，也就是傳統上所說的遺忘之河，這個具有象徵性意義的地方之後，靈魂便會將它近來在各種境界裡的生活，以及前世種種，統統忘得一乾二淨。

誠如柏拉圖的故事當中所說的，很明顯的，我們具有選擇父母、以及新的生命所具有的各項條件的機會。然而看來，似乎也只有那些在精神上有所精進的靈魂，才會做出明智的選擇。那些在精神上沒有進展的靈魂們，由於浸淫在強烈的特里希納之中，因此將會以好像是盲目般橫衝直撞之姿，爭相競入那個將令他再度為人的第一個再生出口。雖然如此，但統理整個再生問題的業力律則，以及其他的種種因素等，對我們而言，到目前為止則仍是一個巨大的謎團。

人類經驗以及心靈學方面的研究等，都提供了許多的佐證，也就是說並非所有再生的腳本，都是沿用同一個模式。為了某種未明的原因，有些靈魂並沒有在內在意識世界裡，歷經過一段漫長的時期，便匆匆的投胎轉世了。例如，那些因意外事故而去世的孩子們，或者是那些為了要實現一項重要的精神性任務，因此必須毫無延誤的回到地球上的進化靈魂等，就都會這麼做。

在這類的個案當中，靈魂主體會將它前世的微妙溝通媒介帶回，因而新的生命，就會具有前世生命的特質。這就是為什麼有些孩子，能夠清楚的憶起他們的前世的一個原因。由因果層下降到人間之時，在意識的波動頻率上，並不會有非常巨大的改變。

有些在成年之後死亡，並且於再生之前，曾在高級精神層面待上一個世紀、或更長一段時間的人，也能擁有許多有關於前世的記憶，雖然這種例子很少見，但依然可以在各種記載當中找到。古典文學的詩作中也許會說，這是因為他們在飲用遺忘之水時，喝得不夠多的緣故。

經由研究轉世相當著名的揚・斯蒂文森博士（Dr. Ian Stevenson，精神病學醫師，曾仔細研究過有關前世記憶的問題）搜集，並澈底調查過的前世記憶個案之中，最為人所稱道的案例之一，就是愛德華・瑞(Edward Ryall)的事件。這位英國人清晰的憶起，自己的前生是十七世紀時一位名叫約翰・佛萊徹(John Fletcher)的自耕農。這位住在薩默塞特(Somerset)的佛萊徹，曾參與蒙茅斯叛變(Monmouth Rebellion)之役、以及塞奇莫爾戰役(Battle of Sedgemoor)，並且和一位名叫瑪蘭妮(Melanie)的女子，發生過一段以悲劇收場的戀情。他記得自己是在一六八五年時，被詹姆士(James)二世軍隊裡的一名騎兵給殺了。一九〇二年，也就是二一七年之後，佛萊徹再生為愛德華・瑞。

斯蒂文森博士發現，瑞對於自己在十七世紀英格蘭那一世的說明，準確得令人匪疑所思。此外更進一步的，這份說明之中還包含了許多不為人知的細節，那是唯有少數研究這一段時期的研究報告，才能夠提供的。

對於自己所記憶的內容，瑞表示，「它們就像我對於今世的記憶一樣，都是我心靈中完整的一個部分。除了在它們變得有些模糊不清時，我會想要去釐清某個點之外，這些記憶出現在我的清醒意識之中，並非是任何經過刻意回想之下的產物。」

瑞曾寫過一本有關於他的記憶的一本書，書名是《重生——十七世紀生命的完整回憶》(*Born Twice—Total Recall of a Seventeenth Century Life*)，斯蒂文森曾花了數年的時間，去考證那些和記載於隱微之處，鮮為人知的歷史事件不同的記憶部分。他指出，瑞的記憶應能使未來的歷史學家們，注意到復辟時期的英格蘭，因為他對於那段時期的生活內容，提供了許多切近的一手資料。

在對這些證據加以評估之後，斯蒂文森博士下了一個結論，那就是愛德華・瑞記憶當中的逼真內容，以及詳盡而真確的細節等，「對於累積轉世證明這類緩慢的工作而言，可謂貢獻卓著。」

在李德比特、貝贊特，以及通神學運動當中其他幾位健將所寫的一些書中，關於靈魂花去數倍於人世生命時間的這些高級精神層面上的生活以及各種狀況等，都提供了極為詳盡的敘述。同時對於為什麼、如何，以及何時回到地球等問題，也都做了非常詳細的說明。

然而，世界上仍存在著許多相當神秘的研究，不斷探討著超越死亡界線之外的生命，對此，我們將比較一下它們和通神學概念之間的異同。

玫瑰十字會的一些概念

一位加入玫瑰十字會(Rosicrucians)，並且和我私交甚篤的朋友，向此會在加州的總部反應說，如果可能的話，我希望在這次所做的比較研究當中，能夠親炙玫瑰十字會對於死後生命所持有的一些概念。結果，此會非常親切的寄給我一本由斯賓賽・路易士(H. Spencer Lewis)所著的《靈魂之家》(*Mansion of the Soul*)這本書的副印本，並且告訴我說，這本書中包含了我所欲探討的主題這方面的基本教義。因此，下文所引用的文獻以及觀念，都是出自於那本書中。

就像通神學家一樣，玫瑰十字會教導人們說，人類具有他們稱之為超靈(Oversoul)的神聖本質。以他們的話來講就是，我們在本質上都是超靈不可分割的一部分。當超靈注入這個「部分」，或是以某種方式跟它緊密地聯結在一起時，我們同時也擁有一個獨立個別的靈魂。

在稱之為死亡的這段過渡時期裡，靈魂得花十分鐘到半個鐘頭，甚至於更久的時間，才能自肉體當中脫離出來。接著，由於在世時的喜好、慾望等有關的種種原因，靈魂會在它原來的棲息地四周，停留一段時間。而只要他們依然留在當地，那麼天生具有陰陽眼能力的人，便有可能看見或感覺到他們的存在。

很快的或經過一段時間之後，靈魂便會離開塵世而轉向精神界或是宇宙界去。在那裡，他們居住在十二個「靈魂之家」，也就是宇宙界主要的十二個區分點當中的某一處。

靈魂身處在這些區域中時，依然能夠保有他們在最近一世當中，所擁有的主要人格特質。為了識別起見，在這段期間裡，他們甚至還保留了在世時的姓名。至於前面幾世的記憶以及名和姓等，對他們而言就好像孩提時的記憶一般，是模模糊糊的存留於潛意識之中。

但是，這裡的生活可不是漫無目的的。靈魂們得接受神聖知識的指引，以便淨化那些他們悔恨自己在世時所犯下的錯誤。因此，經過一段時間之後，在真知以及上天慈悲的洗禮之下，他們在精神上，將會變得更加純潔與進化。

但是，雖然人格特質中的污點已經淨化了，靈魂卻明白自己必須再回到塵世之中，以便彌補他們過去所造成的錯誤。他們變得「非常了解自己先前所犯的錯誤，同時心中的悔恨、遺憾，以及希望自己不曾犯錯、並且想要去加以彌補的強烈渴望等，在在都形成了人們習慣稱之為地獄或者煉獄，這兩處地方的構成要素與條件。」

然而，雖然他們已經在地獄和煉獄之中，為自己所犯的罪行而受苦，卻仍然必須在人世之中彌補過錯。「因為，」路易士說，「人類是經由肉體(flesh)犯下罪惡，因此也必須透過肉體的痛苦加以補償。」是故，靈魂必須再生。

這就是來自業力說中一個固有的謎題，也就是在人世之外的領域當中，人類亦無法適當修正自己所犯的過錯。不論靈魂在煉獄或是地獄之中遭受到什麼樣的痛苦，如果他要摘除掉無知與錯誤的雜草，那麼就必須回到令雜草發芽的塵世之土。

通神學和印度教都對人們說，不論是在精神領域接受淨化，或是以另一個新的生命形態回到人世當中，都是為了過去所犯的錯誤在接受痛苦。這雙重的苦難也許看起來並不合理，然而痛苦卻能激發進步，同時，不論我們在星靈境界所獲得的進展為何，仍必須在人世這個嚴謹的課堂之上，學習那些為求品德進步，以及精神發展所需而設立的課程。

玫瑰十字會聲稱，每一個靈魂都有明確的再生周期，以及在兩世之間所經歷的不具備物質性存在的時期。區隔兩世的這一段中間時間的長短，彼此間有很大的不同；雖然有時很短，但通常則需要許多年、甚至許多世紀的時間。這個兩世之間中介點設立的主要目的，是為了應許靈魂能「更進一步的淨化自己，並且藉著神的意志和宇宙的智慧，而得以受到啟發。」

整體來看，關於靈魂死後的命運這一點，玫瑰十字會和通神學似乎持有相同的觀點。它們之間的不同，主要是在死後境界的區分上。玫瑰十字會認為有十二個「靈魂之家」，而通神學研究者李德比特和貝贊特，則將之區分為兩個主要領域，以及這兩大領域之下的十四個區域。勃拉瓦茨基女士在《神秘的教義》(*The Secret Doctrine*)這本書中，則描寫在地球之外，有三個主要的世間(lokas，地方)。在書中的第五卷裡她寫道，在地球之上的世間裡，有以太、星靈以及心靈三種形態的質料在其中；另一個世間裡，則只有星靈和心靈的質料；至於超越此兩者之上的那個世間裡，便只剩下純粹的心靈質料。

所有形式的質料，對該層級的意識來說都是客觀真實的存在。「存在於超感覺狀態之下的質料，對人類的精神之眼來說是完全真實的，而它們就像一般的馬或樹什麼的，都是會朽壞的。」(《神秘的教義》，11:239)

加德納(E. L. Gardner)寫道，「在精神層這一部分，負責將思想內容營造出來的乃是色天

(repu devas)的工作。它們營造思想模式的速度，就好像我們的思考活動一樣的快速。因此在下一個世界裡，有無數的天體、住所、和世間，這些都是為了要呈現出億萬人的思想而設立的，不論它的內容是有關於來世的，或是有關於一般生活種種的想法。」[1]

《神秘的教義》這本書中也描寫了下方世界裡的三個塔拉(tala)。它們是一些頻率較低的波動，因此比地球具有更為稠密的質料。第一個塔拉位於靠近人間表面的地方，並且有一部分是和人間重疊在一起的。人們有時候會看到身處於塔拉的鬼魂，透過人類的肉眼來看，它們就像霧一樣是呈銀灰色的。第二個塔拉在物理性質上，要比第一個塔拉來得更為稠密，至於第三個塔拉，則可以說更加深入那個沉重、淫逸、自私、並且殘酷的真正「地獄」。

加德納寫道，「在這個最深的『坑底』，也就是阿塔拉(atala)所在的地方，凡是與精神原理背道而馳的東西，都將聚集在此壓碎，並再度還原為純粹原料的本質。」這可能和李德比特所說的第八區，有著異曲同工之妙。

然而這類區分上的不同，並不是最重要的。若要替這片未知國度的各個領域繪製地圖，唯一的方法，就是運用超意識的方法到那裡去一趟，做一場全面的探險，並且在清醒意識當

---

[1] 參照加德納所著的《看到更寬廣的視野——秘密教義的研究》(*See The Wider View, Studies in the Secret Doctrine*)。

中，帶回詳盡的記憶內容。這並不是一件容易的工作，即使是對最偉大的先知和神秘學家而言，亦復如此。他們的洞察力與觀察力也許各有不同；他們對於星靈層和提婆禪記憶的能力也都有所差異，甚至於他們的理解力、洞察能力，以及區分所採取的方式，也都大部分有賴各自不同的文化背景。

對於詮釋超感官世界這項工作的困難，庫德．胡米大師寫道：「這些探討主題只有部分為人所理解而已。只有那些較高級的生命所擁有的高級能力才得以體會。而且僅僅透過文字敘述就強要讓人理解，也是不可能的事。」

勃拉瓦茨基女士對此頗有同感的說，要獲得一份深刻、明瞭而清楚的有關生死秘密的報告，是一件不可能的事，而人類靈魂的命運，又因為太過於微妙和複雜，因此也無法以明確的語言加以表達。

因此，我們必須保持一顆開放的心靈。如此一來，對於理解那片未被發現的國度而言，這些透過具備陰陽眼者各自不同的視窗與門徑，所呈現出來的觀點，將可以提供我們各種不同的面貌。而這對我們都是有好處的，因為當那些也許是錯誤的，但卻具清晰明辨特性的觀念，在適當的時機出現在我們面前時，一顆開放的心靈，將會使我們免於越界而不自知。它能幫助我們獲得普遍的概念，以及周延而正確的原則，並且不論在那一種個體展現其自我時，都能有所準備而不至於亂了陣腳。

在斯維登堡(Swedenborg)的伴隨之下，對於這片難以捉摸的大地，我們獲得了另一種讓人振奮的觀點。

斯維登堡的觀點

在心靈研究成立了組織，與通神學會成立的前一個世紀，瑞典住著一位深富名望的市民，如今，他成了最具有才華的先知之一。

愛曼紐・斯維登堡(Emmanuel Swedenborg)生於西元一六八八年，是路德教派一位知名主教的兒子。早年醉心於科學、數學以及哲學方面的研究。在二十一歲那年離開大學之後，有數年時間是定居於英格蘭以及不同大陸之間的許多國家。在這些國家裡，他跟隨著那個時代的一些著名人物，例如哈雷(Halley)、弗拉姆斯蒂德(Flamsteed)等人，研習數學以及天文學方面的知識。二十七歲那一年，他在礦務局謀得了一份差事，在這個負責監督瑞典境內採礦工業的政府單位裡工作。

除了在政府高層服務整整三十年，並享有盛名之外，他還具有多方面的興趣，並且在科學、數學以及實用事務上，都獲得了卓越的聲譽。此外，他會說九種語言，共寫了一百五十篇的論文，含括了十七門學術領域。身為一位礦業工程師，在冶金技術上，他曾生產出第一批精良的成品。在數學領域裡，他則發展出首批瑞典版的代數和微積分。甚至於生物學和解剖學，也是他眾多研究目標之一，經由他的研究，發現了大腦好幾個區域所具有的功能。在他的發明之中，尚包括了滑翔機、海底船，以及為聾人而研發出來的助聽器。

除了以上所說的這些成就之外，斯維登堡也是一位著名的哲學家，雖然他從未接觸過印度的吠檀多哲學，然而在一些哲學觀念上，卻和它十分的接近。他的哲學基本原理是，精神和物質世界的實在本體，乃是出自於感覺的幻象。他指出，實際上，上帝乃是唯一的實體，所有創造物的存有，都是由祂所導出來的。因此他認為，上帝由無之中創造出宇宙的這種說法，是十分愚蠢的；萬物乃是由上帝的自我之中衍生出來的。然而，對於上帝那最為內在的本質，則不是人類或者是天使所能理解的。

在科學的領域裡，斯維登堡的見解是遠遠超越其時代的。然而，當他偉大的同儕牛頓主張，不具運動性、並且不可分割的原子，乃是構成質料的元素時，斯唯登堡卻指出在原子之內，仍具有遵循著不同規律而運動著的粒子，每一項規律都是由一個更高、並且是更具生命力的規律所建構而成的，而每一個粒子則在它封閉的旋轉本性之下，具備了內在的運動性。

最小的粒子是不具有延積的，但由於它是以高速圍繞著一個中心點旋轉，因而能給與質料一種固體性的外觀。這項學說和現代原子概念的相似性，實在值得人們加以注意。

身為一個貴族家庭的長子，斯維登堡在皇家亦具有一席之位。雖然他時常和王室共同進餐，然而在英國的時候，他卻往往投宿於商賈之家，並且參與他們的家族活動，甚至還因此學會了好幾種實用的行業。由此觀之，他似乎是實踐了吉普林（Kipling，英國著名小說家、詩人——譯者按）所謂的真人所應具備的條件，那就是能夠「與上位者同行，而不失平易近人的特質。」

在斯維登堡所處的那個時代裡，礦務局的編制包括了兩名州議員和六名顧問。思維登堡就是那六名顧問之一。不過就在其中一名州議員快要退休，而時年五十九歲的斯維登堡即將光榮的遞補上去時，另一個美好而嶄新的領域，已經進入了他的生命之中。

因為早在四年之前，他就已經可以看到超越死亡之上，屬於精神領域方面的事物了。他獲准進入精神世界的機會不斷的增加，而在獲得職位晉級的前兩年，他就已經和精神體及天使們，頻頻進行對話了。他說，這些交談就好像是「人與人之間的溝通一樣。」

經由與這些高級存有物的交流，他感到自身肩負了一個可能必須窮畢生精力去從事的偉大使命。他相信，這項任務當中最重要的部分，就是要針對《聖經》經文中所具有的精神性意義，進行新的詮釋工作。另一方面，也是令我們相當感到興趣的則是，對於死後生命的性質，他也要展開調查研究的工作。由於思維登堡日益發展的精神視野，顯露出來的是一個和當時教會所提出來的教義，非常不一樣的來世，因此他感覺到上帝的召喚，認為祂是要自己在關懷精神的命運這事件上，將新的事實真象提供給人們。

他明白這項偉大的任務，遠比世俗的榮耀和利益來的重要，於是便寫信給瑞典國王，要求他免除自己州議員的職位，並批准他自礦務局的工作崗位上退休下來。國王應許了他的要求，並對他在服務公職超過三十年的時間裡，所具備的節操與獲得的聲望推崇備至。

從一七四七年退休起，到一七七二年去世為止，他將所有的時間都花在精神方面的研究，以及撰寫自己的研究發現上。除了身為國會議員一員的工作，以及與朋友交們換意見，這類少有但十分愉快的事情之外，他放棄了所有世俗性的事務。終其一生裡，斯維登堡在心靈以及肉體上，都保有充沛的精力以及健康的狀態，人們甚至還說，他在八十一歲那年還長出了一排新的牙齒。

有些批評他的人指出，他所看見的另外一些世界乃是幻象，是由於心靈錯亂所導致的。然而除了他一生中為人所知的各項事務以及其敏銳但實際的心靈等，都顯示出他沒有心靈錯亂的跡象之外，有可靠的證據證明，他所見到的許多同時牽涉此世與彼世的影像，事實上都是確有其事的。關於斯維登堡所見的客觀實體，在這兒有少許證據可以幫助讀者們去下一個判斷。

著名的哲學家艾曼紐・康德(Immanuel Kant)，對於斯維登堡的天賦異稟非常感興趣，在寫給朋友的一封信中，他提出了一個牽涉到超感覺能力的很好例證。事情是這樣的：「某個星期六下午四點鐘，斯維登堡由英國到達戈登堡（Gothenburg）這個地方。威廉・卡斯特爾(William Castel)先生邀請他到自己家中去作客，並且還開了一個有十五人參加的宴會。大約六點鐘的時候，斯維登堡走了出去，然後又臉色慘白、驚慌不已的回到會場。他說斯德哥爾摩市(Stockholm)剛才發生了火災（斯德哥爾摩市離戈登堡這個地方有三百哩遠），火勢延燒得很快。他心神不寧的裡裡外外的走著，並說一位由他為之命名的朋友的房子，已經在大火中付之一炬了，而他自己的房子也正岌岌可危。八點鐘的時候，他又到外面轉了一圈回來，然後便笑逐顏開的說，『感謝上帝，大火已經被撲滅了，只差三棟房子就燒到我家了。』這項消息立刻傳遍了整個戈登堡。當天晚上就傳到了加弗納(Governor)的耳朵裡。

由於加弗納的詢問，於是斯維登堡將整個大火發生的過程，詳細的敘述給他聽。兩天之後，由斯德哥爾摩來了一名信差，一位皇家信差也來到了加弗納的家門口。由這兩位信差所帶來的信箋裏，詳盡的敘述了這場大火是如何造成的、其損害的程度、何時以及是在何處把它撲滅的。所有的細節和大火發生時，斯維登堡所提供的消息完全一致。大火是在八點鐘時被撲滅的，正是他對戈登堡的朋友們所描述的時間。

對斯維登堡來說，看到其他空間的事物，以及和已死之人的靈魂交談等，都是些稀鬆平常的事，或者應該說，是比在現實生活中隔了一段距離來觀察事物，還要來得容易一些。

他說：「我曾經被允許和一些生前與我相識的，幾乎每一位人物交談過，這一些人當中，有些和我只有數小時之緣，有些則是交往過數週或者數月之久，但也有一些是與我有多年的交情，這一切都是為了一個最重要的目的，那就是確信這項交談的真實性，並且能夠予以證明。」

與他同時的許多偉大與傑出人物，都能證明他具有這項異能。瑞典女王就是其中的一位。霍普肯伯爵(Count Hopken)曾將這次事件的詳情記載了下來。有一日，斯維登堡到宮中去覲見女王。女王在問了一些有關於另一種生命形態的事情之後，便以看似漫不經心的態度問道，他是否曾在那裡遇見到她死去的兄弟，也就是前普魯士王子。當他回答說不曾見過時，女王便要求他試著去見一下她親愛的兄弟，並代她向王子致意。斯維登堡答應了她的請求。一週之後，他再次到皇宮去覲見女皇，並且帶來了令人震驚的信息。他說，他已經在另一個世界裏和女王死去的兄弟會過面了。女王的這位兄弟向她致上問候之意，並為自己未能及時回覆她所寄來的最後一封信，而感到十分的抱歉。但是現在他可以藉著斯維登堡的傳送訊息，來回覆那封信的內容了。由斯維登堡所轉達的回信內容，令女王感到相當的震驚。有人說，她驚嚇的幾乎要昏倒了。她對斯維登堡說，「除了上帝之外，沒有人知道這項秘密。」

很顯然的，當時在女王身旁伺候的侍女們，並沒有聽到詳細的內容，也或許她們都聽見了，但是對此卻三緘其口。在瑞典國內，並沒有人知道在與普魯士帝國宣戰的這段期間裡，女王仍繼續和身為敵國王子的手足通信。毫無疑問的，這就是為什麼在往後的一連串日子裡，總有許多馬車停在斯維登堡的家門前，而王國內一些上流社會的士紳們，亦絡繹不絕的踏入他家門檻的原因。因為他們都想知道這個令女王吃驚、並且沮喪的消息是什麼。但是很顯然的，斯維登堡自始至終都信守著他對女王的承諾，並沒有將這項秘密洩露出去。

下一個故事也是出自康德的手筆，而且為了這一件事，他還曾委託朋友立即去加以調查。

荷蘭駐斯德哥爾摩大使的遺孀，在其夫死後的某一天，接到了一位金匠的電話，聲稱其亡夫生前曾向他購買過一件銀器，但還未付清帳款。這位遺孀十分確定他丈夫生前已經親自付清款項了，但卻苦於找不到收據證明。由於這筆款項非常的大，因此這位女士在極度困擾之下，便要求斯維登堡去問她死去的丈夫。他答應了這項要求。三天之後，他來到這位女士的家中拜訪，當時，現場有一些人正在飲用咖啡。

斯維登堡以其一貫平靜的態度，告訴這位女士他已經和她前夫會過面了。這位丈夫說，債款在他過世前七個月就已經結清了，而收據就放在樓上房間的寫字檯裡。這位遺孀則回答說，寫字檯已經澈底的搜查過了，但在紙堆當中並沒有找到那張收據。於是斯維登堡說，她的丈夫已經清楚的對他解釋過，如何在桌子的某個地方找到那個秘密夾層，收據和他的一些以荷蘭文所寫的私人信件，都可以在這個夾層中找到。聽完了斯維登堡的說明之後，一群人便立刻轉往樓上去；寫字檯是打開的；令所有人驚訝並興奮的是，那個秘密的夾層被找到了，而收據和私人信件都放在裡面。

在超越死亡的領域這一方面，斯維登堡的描述與評價，和一些偉大的神秘學家以及現代心靈學研究人員們所提出的主要特徵，可以說若合符節。雖然如此，它們在細節上仍然有些許的不同。

在《真正的基督宗教》(*True Christian Religion*)這本書中，斯維登堡對於死亡，以及死後立即呈現出來的狀態等，是如此描述的：「就在他們過世，然後以精神的樣態復甦時（通常是在心臟停止跳動之後第三天發生的），是以和在世時相似的外觀出現的，因此，他們並不知道自己已經過世了，還以為自己仍然活著；雖然在他們的感覺之中，這副身體彷彿是具有物質性的，然而，那卻不是物質性的肉體，而是屬於實體的形式。幾天過後，他們會看到自己身處在一個有許多不同團體設立的世界，那是一個介於天國與地獄之間，稱之為『精神體世界』的地方。」

這些靈魂在確知自己已經死亡時，莫不感到非常的訝異，因為每一件事和他們所接受的教會教義，竟會有如此大的差異。事實上，有些人為了他們的宗教領袖沒有告訴他們死後的情形，還感到忿怒不已。如果他們是無神論者，那麼剛開始時，他們會感到困惑並且相當的難堪。

由於他們是以在世時的樣貌進入這個精神體世界的，因此很快便能夠被早已在那兒的親友們辨識出來，從而產生了許多快樂的聚會。先生和妻子們如果希望的話，也許聚在一起，並且依其情愛的真實與否，在那裡一起待上一段或長或短的時間。

剛開始時，在這個也許相當於神秘學家們所形容的，星靈世界之下的某個中間區域裡，精神體會過著和他們在世時非常類似的生活形態。然而很快的，他們便會和教育並且引導他們的守護者「光之天使」們會面。

審判或是回顧的活動，是以記憶之書的形態，戲劇性的表現出來的，一個人由出生到死亡的那一剎那，其所有行為舉止、言語以及思想等，都將一一被宣讀出來。此時，人們所憂心的（也或許是他們的思想形式），乃是被喚到審判場景前證明這些內容。當與真實生命經驗混雜在一起的每一項感受，又再次被喚起之時，這真實的一刻，其實是在自我分析與自我判斷之中，進行一項毀滅的儀式。

在駁斥教會所說的沉睡於墓穴之中，直到最後的復活、以及審判日的來臨等說法時，斯維登堡說：「每一個人的復活，都是在他死亡時刻發生的。」「每一個人都帶著自己的記憶。」而這些記憶的內容，將會在當事人被叫上審判臺前時，再次的出現，「雖然它只是由一本書中被宣讀出來的。」

因此，本質上來說，此人是在對自己過去的生命做一個判決。這一點和神秘的教義，和當代研究報告的內容，都是完全相同的。

斯維登堡明白，精神體的世界可以區分為三個主要的區域，他認為上面的天國領域，和下面的地獄區也是同樣的。他表示，在中間區域的精神體們可以變得更為純潔，也可以在追求成為更高等存有物的過程當中獲得進步。在《神聖的上帝》(*Divine Providence*)這本書中，他這麼寫著：「如果人們願意的話，所有的人在死亡之後，都同樣具有一個修正其原來生命形式的機會；當他們明白自己死後依然活著，並且有天國以及地獄的存在時，在天主的教誨以及引導之下，藉著天使的幫助，他們首先要做的，便是認同於真理；然而那些生前即不信仰上帝，並且也不知道要趨善避惡的人們，很快的便會對真理感到嫌惡，並且加以排斥。」

排斥真理的人，會將臉轉向更合乎他口味的生命形態去。對於這種死後依然故我的表現，我們多少可以了解，它是和精神性相悖離的。在我們這個世界裡，有許多喜歡在酒吧、歡場裡尋歡作樂，並且沉溺在欲望世界裡的人，這些人將做禮拜和聆聽任何精神性指引等活動，都視為最大的痛苦和折磨。在精神體的世界裡也是一樣，有許多人會沉淪於其所愛以及興趣之中。其中較為傑出者會準備好接受學習，並將臉轉向天國的方向，但其他的人則對淨化、精神性，以及天國的無私生命等整個觀念，感到憎惡不已。

此世和彼世之間最大的不同在於，在那裡，「綿羊」將因其自身和善的習氣，自然而然變得和性情剛烈的「山羊」有所分別。這也就是說在那裡，不可能再有偽善的情形發生。一個人內心裡想些什麼，都會清清楚楚的顯現出來。外表所呈現出來的，即反應出內在的本性。因而那些朝向真理和喜悅的天國去的人，便得以獲致美好、光彩，並具有精神美的容顏。而那些朝地獄陡坡下滑的人們，在外表上則愈顯粗俗而令人嫌惡。

斯維登堡表示，地獄的存在，並非是來自於天主，而是來自邪惡本身，「邪惡因為會投人對於自身的懲罰之中，因此，它和地獄兩者是不可分離的。天主並沒有把任何人投入地獄之中；是人們將自己投進去的，不論他是活在人世，或是身後來到精神的領域皆同。」誠然，這裡所說的就是業力的定律，只不過是以不同的方式表達罷了。

一位教授斯維登堡學說的新教本堂牧師，進一步對我詮釋說：「允許靈魂想上哪就上哪兒，乃是上帝的慈悲，這也就是說，人們可以依自己的意願到地獄裡去，並且在那裡想待多久就待多久。」

「斯維登堡相信地獄是永恆的嗎？」我問這位牧師。

「關於這一點，他並不是十分的清楚，不過他確實說過，邪惡的精神體是『受到懲罰的，因為如此，他們便會受到遏阻而不至為惡。』這種說法意味著，當他們學到了教訓，並且準備好要過更具精神性的生活時，他們就可以離開地獄了。」斯維登堡的另一項陳述，完全符合這項說法，那就是：天主於地獄之中解救靈魂於倒懸，「只要他不願意、也不喜愛遵從於自己的惡念。」

因此，或許我們可以將斯維登堡所說的地獄，理解成一個人們可以依其自由意志去的地方，在那裡，人們可以沉溺在自己的欲望或罪惡之中，直到他們體認到這樣的生活，只會帶來更大的痛苦與懲罰為止。因此，地獄不僅僅是一個懲處之地，同時也是一個修正與更新生命的地方。這個概念，和我們將上帝視為一位慈愛父親，以及一位雖有九十九隻羔羊在懷，但卻為了走失的那一頭，在「荒山野嶺」之間尋找的牧人這兩個印象，是完全一致的。

更進一步來說，所有靈魂的最後救贖這個觀念，和上帝是唯一的真正實體，所有靈魂的存有以及其自性，都是由祂所導出來的，這個偉大先知的基本概念，都是並行而不悖的。所有的靈魂，都是這唯一永恆實體，也就是上帝的一部分。那麼，又怎麼會有永恆的磨難或消滅等，這類的譴責存在呢？

在正義的天秤另一端，和地獄遙遙相對的，是光輝燦爛的天國領域。由斯維登堡的作品中可以看出來，他的精神之眼已足以深入看到這些地方，或至少能看到幾分。

他引用基督教的傳統，稱這些天國的居民們為天使，並且還說所有的天使都曾一度為人。一百年之後，偉大的大善知識們(the Great Mahatmas)在寫給錫尼特的信中，認同了這個觀念。他們表示，色（天使）是人類的前身。

根據斯維登堡所言，天使們之所以能達到天國境界，是取決於其在人間的生活形態，雖然其中大部分也曾在精神體的中間世界裡，接受過一段時期的訓練和淨化。一般而言，天使並無法看到這個世界的情形。近代的唯靈論也形成了相同的結論，它指出，在這個世界和天國之土間擺動著的缺口是如此的巨大，因而使得天國的居民們無法知曉塵世的活動狀態。雖然如此，根據大多數秘教與宗教的教義所言，似乎有一種天使或是色，是特別被指派去協助人類在精神方面的發展的。

斯維登堡將天國描繪成一個在人類內心深處，唱著自己的歌的地方。而愛，就如同基督所傳授的，乃是升上天國、成就天國生命的活動當中，最為重要的構成條件。但前題是，它必須是真愛；不是那種要求回報的愛，而是為愛而愛。

雖然如此，對於天國生命的某些特質，這位先知的說法，和他所屬的教會之間仍有分歧。根據教會的說法，天國是一個不用工作的地方，而天使們唯一的活動，似乎就是在上帝的寶座前，彈著豎琴唱著歌。然而斯維登堡卻說，天國是沒有懶人的地方。每一份子都從事著某項有用的工作，但這絕非是為了自身的利益，而是做一些能增進他人福祉的有益事情。至於工作的種類則非常繁多，而且彼此之間各不相同。一位天使所從事的工作，絕不會和另一位天使的職權完全相同，「因此，這位天使所獲得的喜悅，也絕不會和另一位相同。」看來，雖然一般對於天國的生命的說明，都著重在統一與合作的精神上，但卻並不因此而抹煞了個體的唯一性。

此外，斯維登堡那個時代的教會主張，一個孩子除非接受過領洗，否則無法到天國裡去。但他卻極力反對這種專斷而殘酷的教義。他說，世界上所有遭遇到死亡的兒童，不論是在教堂外、或是在教堂內，都會被天主接引到天國裡去。在那裡，有專職的天使負責指導他們，直到他們在智慧上獲得增長，變得更加成熟時為止。事實上，他說，天國中有三分之一的成員是兒童。

除了以上這些相異點之外，斯維登堡對於教會認為天國之中沒有婚姻關係的這項說法，也曾表示反對的態度。他在著作中表示，兩位已婚的伴侶會在天國重聚，並可以依其意願而持續彼此之間的關係。有些關係可能為時相當的短暫，有些則很長。「如果他們在人世婚姻之中所具有的情愛，能持續到永遠，那麼接下來的是，他們之間的配偶關係，就會變得愈發的明顯。」如果這樣的婚姻關係能使彼此獲得最大的幸福，那麼他們就會持續下去。

在較高精神領域裡的所有存有物，都蛻去了只屬於肉體的衰老體態，並擁有年輕而嬌豔如春般的體態。他們將永遠維持著年輕的樣貌，並擁有人類心靈所難以理解的，超越一切的美麗容顏。

讀者們也許會注意到，和柏拉圖、玫瑰十字教、通神論者、古代神教、以及其他神秘教義不同的是，斯維登堡並沒有談到靈魂在天國或地獄停留一段時間之後，會再次回到人間這一點。由於他經常不顧後果，毫無忌憚的說出自己所認同的真理，因此，我們可以將這一件事看成是，在他透過精神之眼觀看內在的世界時，並沒有發現到任何有關於復活的證據。因此，我曾聽研習精深神秘教義的學生們說，斯維登堡在精神性方面的認知，以及對於靈魂命運的理解上，都是錯誤的。然而，有些事並不能因為它不夠完整，就可以說它一定是錯誤的。我們在人世所知的精神性真理，也只不過是真理的部分而已，因為誠如聖・保羅(St. Paul)所說的，「現在，我們能透過玻璃，模糊的看見了。」

斯維登堡受上界允許，所理解並傳達的真理，毫無疑問的，是由偉大的智慧大師們(Masters of Wisdom)所控制著，而在十八世紀那個時候，也許並不適宜將再生的教義介紹到西方世界。正由於缺乏關於這一方面的認知，因此斯維登堡對於來世的啟示，所抱持的反對態度，以及他對《聖經》經文所做出的新的詮釋等，便顯得非常的具有震憾性。所以，不論輪迴轉世的教義是真是假——我個人認為它是真的——斯維登堡在他的精神之旅中，並未能找到任何的相關線索。

誠如唯靈論團體所顯示的，尚未轉世的靈魂們，在對輪迴轉世一無所知的情況之下，會在星靈境界或是天國世界裡，停留一段很長的時間。斯維登堡的所見範圍，可能並未能達到靈魂進行轉世，以及明白（雖然有時只是短時間明白）自己將再生於世的因果層。

對於和死後生命有關的教義，所進行的各種不同比較工作，到目前為止，都未能注意到在區分、數量，以及對超越死亡的領域中，各個不同區域的命名等這些方面，存在著方法上的差異。例如，斯維登堡將精神體所處的中間世界區分為三，而通神學則將星靈境界（大約近乎精神體的世界）的下面區分為七個層級。同樣的，斯維登堡在著作當中，將天國區分為三，而通神學則再次於天國之下，區分為七個等級。

同一個現象，往往可以任意的區分為三個，或是七個部分。以人為例，勃拉瓦茨基女士在其早期的著作當中，將人解釋為三位一體（物質性的肉體、具備生命力的精神體、以及不朽的精神）。這是一種合理、並且容易理解的區分方法。然而在她往後的著作當中，則又往前邁了一步，將人類區分為七種原理，或以現代術語來講，就是七種能的領域。

也許星靈境界和心靈（天國）境界，也同樣的可以各自區分為三個、七個，或數量不等的單位，完全取決於觀看者的背景、他看這件事情的角度，以及他探求的深度而定。根據神秘學家所說，這些境域時常會互相兼併，而且總是讓人無法清楚的加以界定。

羅勃・克魯寇博士對於由唯靈論當中所蒐集到的，有關此項主題的資料，做了一番概略性的說明，他寫道：「那裡有許多居住的地方。陰界溝通者們說，不同的領域或是境界之間，並不具有嚴格的區分，有一些是彼此互相擴張侵入的。第一個境界很類似於地球。第二個則有些微的進步。第三個有許多不同的名稱（天堂、福地、樂園等），它是一片榮耀的大地。越此，則是些更高的領域，那是言語所難以形容之處。」

§第六章§

唯靈論：廣袤的觀點和警語

通神運動的創始人，柏拉瓦茨基女士和奧爾柯特上校(Colonel H. S. Olcott)，對於一九四〇年代末期發蹟於美國，並且迅速擴展到整個西方世界的近代唯靈論，都曾經花了好多年的時間加以研究。奧爾柯特年輕的時候，就曾經在美國進行各種現象的調查研究工作。而擁有天賦異稟的勃拉瓦茨基女士，則曾在蘇俄、以及包括埃及在內的其他國家之中，針對唯靈論進行研究。最後，他們兩人在建立了合作關係之後，都在美國完成了這一方面的重要研究。

因此，在一八七五年著手建立通神學會之時，這兩位傑出的人士實際上已經獲得了一定的結論。他們發現，雖然有非常多的靈媒是騙人的，但也有一些真正的靈媒引發出真正的現象。他們認為（和後來的研究人員們看法一致），在這些當中，有一些現象是由靈媒們，或是當時在場任何人的無意識心靈所組構而成的。然而他們卻下了個結論說，由另一種觀點來看，這種現象多半是來自於分隔陰陽兩界的紗罩另外一邊的、扮演著人類角色的人物的所作所為，而事實上，在這麼多的溝通行動當中，只有極少部分是來自於想要說話、真正不具肉體形態的精神體。

這種來自生死界另一邊存有物的欺騙性內容，大量的出現在通神學以及其他的思想領域當中，但是如果確有其事的話，那麼它顯然和現代的心靈研究者沒有多大關係。在理解這類精神騙子到底可能是誰、或是個什麼東西時，我們還必須考慮到通神學家，以及其他一些神秘學家們所慣用的名辭的意義。

在第二次死亡，也就是不朽的靈魂動身前往天國世界時，負載著為人時所具有欲望的星靈體形式將會脫落殆盡。此時靈魂所具有的，將會是純粹屬於心靈範疇的較高級部分。這也就是說，和星靈體一起被捨棄的，是那些和欲望的內在結構緊密交織，屬於較低層次的心理狀態和記憶。

那些和星靈負載物一起被捨棄的心理狀態，在整體當中所佔有的比率是因人而異的。如果它只佔有非常小的一部分，那麼整個被拋棄了的實體，我們便稱之為星靈「殼」。但是如果這其中具有相當多的意識和記憶成份，那麼就會是我們所說的「鬼魂」或者「幽靈」。但不論是殼還是幽靈，這兩種屬於星靈的遺留物，遲早都會分解消失不見。只不過殼的形式會比幽靈的形式更快煙消雲散。

除了這些以外，在其他較低級的星靈層當中，尚有其他形式的實體在那裡活動著。好比那些由陽間之人的真實思想形式，在有意無意之中所創造出來的人為的東西即是。換句話說，這些含有精鍊思想的虛構角色，是以思想的形式，在星靈層中獲得了一個逼真的實體。例如在狄更斯(Dickens)小說中的一些人物，不但變成了星靈實體，並且據說還時常找這位原創者的麻煩。

這些由思想有意創造出來的人為之物，通常都是源自於具有能力的法師的心靈之中。這些實體根據其原創者的目的，可以是具有惡意的，也可以是具有保護性質的。如果它們被賦予了相當強的生命力和意志力，那麼就能持續存在很長的一段時間。

在星靈層存在的另一種類型，是屬於自然界的精神和自然原質。它們各具有不同程度的智力，因此可以是狡猾的、會騙人的，並且會惡作劇的，但卻很少是具有惡意的。

上述這些型態的實體，都可能成為唯靈論者降神會上的溝通者。至於真正的星靈殼，則只有在透過靈媒身上的氣流激發為行動，或是在被人為所創造出來的實體所佔據、使用時，方才得以顯現出來。在前一種情況之下，其所顯現出來唯一智力來源，是取自於靈媒的；而在後一種情況之下，它幾乎是經常帶有惡意的，並且也許還具有魔力。

幽靈經常會在降神會上出現。它擁有部分的記憶，並且具有死者所擁有的一些特殊風格，因此很容易被誤認為是真正的靈魂。它可能不會意識到自己是在欺騙別人，並且還相信自己就是它所宣稱的那位人士，也就是藉靈媒之口所說出來的那個人的精神體。而降神會上那些認識此人的在座人士們，也往往會覺得這其中少了些什麼東西，或有什麼不太對勁的地方。

根據通神學的說法，降神會場上所出現的許多現象，都肇因於這些自然原質、或自然精神體的妄想，以及它們毫無意義的作為。它們可以透過傢俱的敲擊、傾斜的桌子、製造出來的「精神光」、閱讀在場人士的思想，甚至於產生具體化的東西等種種行徑，傳達出某些訊息。

具有陰陽眼的勃拉瓦茨基女士表示，當靈媒宣稱她所想要接觸的特定靈魂出現時，在一群圍繞著靈媒四周的鬼魂當中，她從來未曾看到過那位特別的靈魂。「到目前為止，我從未曾在一件單獨的實例當中，成功的辨識出那些我所欲見到的人物。我和血親及朋友們的直接接觸，都只有在夢中和個人所見的幻象中出現過。」

她主張，在圍繞於我們四周的不可見世界當中，有許多「不願悔改的靈魂，沒有進步並且邪惡的精神體——也就是基督教世界中所說的惡魔，它們沒有靈魂、沒有意識、沒有責任感，也沒有光。」那些以親友之名出現和人溝通的，十之八九都是這些實體當中的一位。勃拉瓦茨基女士並不認同唯靈論的說法，她認為它是唯物論的，並且屬於是巫術性質的。

勃拉瓦茨基女士的老師胡米大師，在寫給錫尼特的一封信上說，一般人在身處於接近地球的較低星靈層時，若非是睡著了，就是意識處於一種夢幻般的昏睡狀態，因此它們是無法與陽世之人進行溝通的。在這個層次較低的範圍之中，唯一真正清醒，並且能夠與活人溝通的，只有那些因意外、自殺、謀殺、戰禍，或一些遭逢無妄之災而橫死之人。這位智者似乎是將「幽靈」含括在內，完全以「殼」這個名辭，來稱呼星靈層上的實體，並且還說唯靈論圈子內大部分的溝通活動，都是來自於這些星靈殼。雖然如此，當死者的靈魂在星靈層待了數年之後，此時活在陽世的人（通常是在熟睡狀況之下），也許便能夠見著這些靈魂，並且能和它有所交流。在星靈層進行的這類溝通或交流活動，要比等靈魂到達天國世界時進行，要來得容易多了。

在此之後，李德比特和貝贊特兩個人，都對於透過靈媒所進行的唯靈論的溝通活動這項議題，表示有話要說。在加入通神學會之前，曾是唯靈論信徒的李德比特，做了一個和勃拉瓦茨基女士稍有不同的結論。他表示，在降神會場上進行的絕大多數的溝通活動，誠如它們自己所宣稱的，都是來自於死者的精神體。雖然如此，他說，仍有相當比率的是來自於星靈殼、幽靈，以及生死界彼端的欺騙者。

雖然唯靈論已經造成了許多的傷害，然而李德比特認為，整體來看，它也許是利多於弊的。為了詳細說明這些傷害，他首先表明，溝通會使靈魂由斬斷俗緣、前往更高境界的路上，轉回到地球的附近，並激起它們想要擁有知覺性存在的欲望。

對於活人來說，也同樣會造成一些不好的影響。因為對精神體而言，由較低的星靈層和人溝通是容易得多的一件事，因此大部分的訊息都是來自於此。而在這些溝通者當中，星靈殼和幽靈就佔了相當大的比率，它們都是些吸血鬼，會將降神會場上所有活人的精氣吸走。而這也就是為什麼靈媒，和降神會上的與會人士們，往往在會後會覺得身體極度疲乏的緣故。若更進一步而言，甚至還會發生鬼魂附身，或佔據在那些和它一樣進化較低，並且彼此之間沒有強烈區分的在場人士身上等重大的傷害。

唯靈論很容易發展成一種對死人（或巫術）的崇拜，或者是對祖先的崇拜。並且誠如黑天神(Lord Krishna)所說的，那些崇拜祖先者，必追隨祖先而去。然而，如果人們把目標放高一點，將之置於與神結合這一點上，那麼他們在精神上就會獲得更大的進步。人們將仍能與較低星靈層上的所愛有所聯繫，並且幫助它們晉昇到更高、更幸福的境界。

李德比特相信，拋開這些缺點和危險不論，唯靈論運動實際上已經做出了相當大的貢獻。例如，它使成千上萬抱持懷疑論的人，相信有死後生命的存在。此外，在幫助那些因為突然死亡，而由肉體內被拋擲出來的迷惘靈魂而言，它也是使它們理解發生了什麼事，以及自己身在那裡的一種很好的方法。

同樣值得一提的是，李德比特宣稱，還有一種一般大眾未曾耳聞過的更高的唯靈論。在它的循環當中，一群相同的人物會一而再、再而三的重聚在一起。局外人是無法打破這項規律性的。他說，當環繞在降神會四週的思想形式，是「預計要提昇心靈、以及精神的層次」時，它所獲得的結論不但時常令人感到相當的驚訝，同時也使人深受啟發。

然而，在加入通神學會前是英國教會牧師，而在接下通神學會的工作之後，亦曾擔任自由派天主教主教許多年的李德比特，卻並不自囿於唯靈論的活動，即使是它的最高境界的說法。如同我們前面所說過的，和透過精神溝通所獲得的結果比較起來，李德比特所具備的陰陽眼和未卜先知的能力，使得他對於死後世界的境況，能獲致更廣泛、更深入的見解。

我曾經和傑弗瑞・哈德森(Geoffrey Hodson)有過一番懇談，他是另一位具有通神能力的著名人物，曾為文指出唯靈論所面臨的問題，並且在這項問題上，和通神學界的領袖人物們抱持不一樣的意見。我問哈德森說，他是否同意勃拉瓦茨基女士所說的，絕大多數的陰界溝通者都是星靈殼、幽靈、自殺的，或某些非人類的實體，還是像李德比特所說的，參與的大多數都是真正的已逝之人的精神？

「我同意有許多都是真實的，但即使如此，也許大部分也並非就是它們所宣稱的那個人。但只要是運用陰陽眼的能力，那麼到底是真正的精神體，或是星靈殼、幽靈等的偽裝，就可以真假立辨了。」

「要如何去辨別呢？」我問。

「看它的眼睛。一旦不朽的靈魂已經離去，剩下來的星靈殼或幽靈的眼睛，看起來便沒有什麼生氣。而真正的精神體的眼睛之中，是依然閃耀著生命光彩的。」

由於我還記得一個人在肉體死亡那一剎那，靈魂離開時眼睛的瞬間變化，因此我明白他所要表達的是什麼意思。

就像斯維登堡和李德比特一樣，傑弗瑞・哈德森和「精神體之間的對話」，是不需要透過靈媒的居間溝通的。他不但能看到它們，並且還可以和它們交談。但是在降神會當中，一旦靈媒進入了入定的狀態，而在座的人又都不具備陰陽眼的情況之下，要辨識出何者是真正不具備形體的靈魂，何者又是幽靈或其他的實體，著實是相當困難的一件事。

耶穌會(S.J.)的赫伯特・瑟斯頓牧師(Reverend Herbert Thurston)，在他所寫的一本名為《唯靈論》(*Spiritualism*)的小冊子上表示，在透過靈媒和死者溝通這項議題上，某些通神論領袖的意見，和羅馬天主教派的那些見解，並沒有什麼樣的不同，例如李德比特就是。瑟斯頓寫道：「雖然許多天主教徒傾向於相信，所有唯靈論所說的真實現象都是惡魔的傑作，但它卻無法被視為是基督教正式教義中的一部分。」

他繼續指出，對於唯靈論所說現象的基本性質，教會並沒有任何的界定，然而它卻相信在這些證明活動當中，懷有惡意的惡魔也許經常會意外的進入到其中。因此，教會禁止信徒們加入唯靈論的各項儀式，並認為這其中牽涉到道德和精神上的危險性。這些通常來自某些非精神性之物，並且往往具有惡意的力量，對於那些特別著迷於降神會、怠惰、好奇，並且情緒不穩的人來說，特別容易使其不安，並且還會造成傷害。這些討人厭的實體會附著在人們的身上，並且具有難以擺脫的危險性。

雖然如此，「對於那些在通神學原理上具有紮實基礎，並且能夠以一種科學的精神，嫻熟的運用心理學來處理這些證明的真正學生而言，也許可以允許他們和靈媒合作實驗，並且參與降神會的舉行。」

瑟斯頓牧師自己即得到教會的允許，完成了許多經由控制的心靈研究；不論是在教會組織之內或是之外，他都是以嚴謹、聰明，沒有偏見的研究人員而聞名。在和羅馬天主教的傳教士們談話當中我瞭解到，瑟斯頓認為在降神會場所發生的一些現象，以及種種搗蛋的活動，都是出自於自然原質。這一點，它和通神學的思想非常的一致。

西藏的喇嘛也提出了類似的解釋與警告。對於從事像西方世界的降神會一般的精神性的召喚活動，他們總是極力的加以反對，這些喇嘛並且主張，這些源於召喚活動所接觸到的實體，經常都是一些「沒有知覺的鬼魂，或是那些已經透過意識原則拋棄了的，以及在和人類『靈媒』取得協調時，產生好像機械裝置一般生命力的心靈外殼。」❶

西藏喇嘛堅持，心靈研究應當只能由超自然科學方面的大師來領導進行，不該由對此一無所知，並且沒有經過訓練的老百姓任意去從事。

玫瑰十字教派也是一樣，堅決反對現代唯靈論者所採行的，精神溝通研究的施行。他們說，還有其他更好的方法可以進行溝通的活動。

當靈魂進入到精神的領域之時，它可以藉由心電感應，和宇宙中所有的靈魂接觸，不論這些靈魂是在肉體之內或是之外。這也就是說，死去的人無須「回到人間」來和活人交流。透過超靈(Oversoul)，每一個各別的靈魂和其他所有靈魂之間，都具有所謂的意識鍊。所有的靈魂都是這個唯一宇宙意識的一部分，都可以透過它來從事彼此間有意義的接觸。

但在此仍有一項困難必須加以克服，那就是這項交流如何在肉體內、和肉體外的靈魂之

---

❶ 參照哈佛大學印行，一九六〇年版的《西藏度亡經》(*The Tibetan Book of the Dead*)，頁一八七，註釋一。

間進行的問題。一般說來，活人在處於清醒意識的情況之下，是不容易觸及到他的靈魂、或稱之為高級自我的部分，而這些地方正是心電感應的聆聽站與交換訊息中心。由於清醒意識總是被日常生活中的思想、和感覺之流完全的佔滿，因此由聆聽站所接收而來的訊息，通常都無法傳遞到清醒意識之中。

或許那些以印象、預感、或直覺形式出現的事物，有時可以加強這條突破藩籬，通向清醒意識之途的門徑。而在睡眠和清醒之間的意識臨界點上，更為清楚完整的信息，則可以由靈魂的中心傳遞至此。然後再一次的，靈魂會以夢的形式，將這項訊息予以具體化。如果這個夢是栩栩如生的，並且還相當的引人注目，那麼人們便得以在清醒的情況之下回憶起它來。如果順利的話，這項訊息立刻就會被解讀出來，但換個角度來說，在轉回到清醒狀態時，它也有可能會被心靈活動給扭曲或混亂了。

然而事實卻是，在活人和所謂死人的靈魂之間，仍不斷有心電感應活動在進行著。對於這種沒有時間性、空間性的溝通而言，空間、時間和死亡，並無法造成任何的阻隔。唯一會造成阻礙的，只有那處在肉體之中，忙碌並且以自我為中心的人類心靈。活著的人如果想以心電感應和精神領域交談的話，就必須設法找到一條越過這道藩籬的途徑。

雖然如此，玫瑰十字教派的教義卻不贊同以通靈的方法，來打破這道障礙，並且認為透過靈媒所打開的門徑，會引來冒充的、惡作劇的，甚至懷有惡意的實體。在所有的神秘教義之中，相當著名的一種說法是，要深入探求的其中一種方法，當然就是日常所施行的正確瑜伽訓練和冥想。

雖然斯維登堡所處的那個年代，是早於現代唯靈主義的創立，然而他所說有關於和精神體溝通的部分內容，則相當的引人注意。他個人雖具有極少有的自然稟賦，不但能夠親自造訪超越死亡之外的領域，並且還能毫無困難的觀察和交談，但是他卻提出警告說，這其中仍具有欺騙一般大眾的危險性存在。對此，他舉出了一些理由。

他說，精神體具有一種特別的能力，不但能夠取得活人的記憶，並且還能竊取他們儲存在心靈之中的知識，不論它是屬於科學、語言或是其他方面的。它們進入人類的心靈之中，和人類的思想、感覺聯結在一起，並且在瞬間就佔有了他所學習過的一切。因此，人類心靈就好像是一本向它展開的書，而精神體也就由此和人類進行對話。

這種情況所產生出來的結果是，「他們隨著自己所佔有人的特質，也會有表現出學習、智巧、審慎、無知……」等等的表現。

他說，實際上，這些精神體確實擁有它們自己的知識，但為了各種不同的理由，它們在和人們進行交談時，是禁止運用這些知識的。如果精神體是以自身的記憶和知識，來和人類進行對話，那麼將會造成相當大的混亂；因此，它們脫離了自己的精神狀態，進入到活人的自然生命狀態，並且和此人的心靈生命合而為一，由此處發話，彷彿這就是自己的心靈生命。

這些精神體欺騙別人的成份，並不會比自欺的程度高些，因為它們把屬於活人的一切穿戴到自己身上，並且變得完全認同於此人，相信此人的記憶和知識，都是屬於它們自己的。

在伴隨著下一個世紀的唯靈運動而來的現象研究，擴展到各個領域之前，以上所述的內容，就是斯維登堡對於明顯發生於他那個時代的精神溝通案例的看法。

他進一步的觀察並且警告說：「許多人相信，人類可以藉著和精神體的對話，得到上主的教誨；但是那些相信此一說法，並且也想如法炮製的人卻沒有警覺到，這是一種置靈魂於險境的做法。」

對於精神溝通活動所產生的巨大效益，英國的科學家克魯寇博士曾針對採自許多地區的案例，進行長達多年的比較研究工作。他指出了這種調查研究方式的有限性、危險性以及有效性。

他說，和肉眼難以得見的世界溝通時所接觸到的存有物，有百分之九十九仍身處於冥界，這意謂著，這些存有物仍處在位於地球附近的低級星靈層的下層。因此，它們經常處於一種幻夢一般、昏昏欲睡的意識狀態之下。如果它們剛死沒有多久，那麼它們就會重覆在世時所持的見解。如果它們雖已過世很長的一段時間，卻又受到俗世的牽絆，那麼它們通常會表現得相當無知，有時還帶有反社會的傾向，並且時常愛吹牛、開玩笑、說謊和欺騙。

但是，它們會閱讀思想和氣息，並因此而得以說出與會人士過往所發生的一切。此外，由於它們能敏銳的觀察到思想和情緒的發展傾向，因此可以預測未來的事情，並且有時還相當的準確，或是幾近於事實。同時，它們也許還具有創造出鬼魂、飄浮物、物質化的東西、以及其他物理現象的能力。雖然它們是在冥界，但它們也許會認為並且表示，自己是身處在精神世界之中。

欺騙以及混亂的另一項原因則是，有些溝通活動乃是來自於活人（靈媒或在座之人）的心電感應結果，至於其他的，則是來自於星靈層的幽靈，它們能夠由在座之人身上的乙太體之中，或是克魯寇所說的「精氣的傳遞媒介」之中，讀出此人的記憶軌跡。

雖然有一些邪惡並且惡毒的實體，時常成功的進入到人類的心靈之中，然而克魯寇卻很少，或甚至沒有發現到有任何非人類的魔王、或是惡靈侵入的證明。即使如此，對於剛開始涉足這些事務的人而言，「人類」惡魔仍然有非常多的危險。

然而根據這位科學家所言，這個屬於黑暗、並且令人沮喪的一面，並不能代表精神溝通活動的所有面。位於較高星靈層中「樂園」境界的靈魂，仍然有可能和在世之人進行溝通活動。它們也許會透過所謂的心靈靈媒，來從事這類的工作。但是，一般而言，在這類活動進行當中，靈媒與靈魂都必須有所妥協：靈媒必須提高他的心靈活動頻率，而靈魂為了獲得一個交流的共同點，也必須降低它的頻率。對於不具形體的靈魂而言，降低意識的活動頻率乃是必要的，但這同時也會使它變得較為遲鈍，並且陷入夢幻一般的狀態。然後，這個靈魂的記憶就會因此而變得很容易出錯，並且傳達出錯誤的訊息。當出席降神會的人發現到，正在進行溝通的靈魂似乎在記憶和思想上漏洞百出時，他就應當記起地球附近的條件，是會對溝通產生不利的影響，並且了解到這名靈魂並無法表現出真正的自我。

雖然如此，克魯寇依然聲稱在較高層次的星靈區裡，尚有一些精神發展較高的靈魂存在，它們可以透過非常高等的靈媒與人接觸，卻無須大量降低自己的意識頻率。因而在這類的案例之中，往往可以接收到令人非常滿意的訊息。他以研究人員德雷頓・湯瑪士牧師(Reverend C. Drayton Thomas) 死去的父親和姐妹為例；透過靈媒奧斯本・雷歐娜女士 (Mrs. Osborne Leonard)的溝通，他們時常獲得相當有趣的結論。

當靈魂到達天國世界時，它和凡間意識之間的波動間隙，就會變得過大而不適於任何靈媒做直接性的溝通。如果有一個在天國的靈魂，想要以此一方式傳遞信息的話，那麼它通常會透過一個在星靈層的代理者去做。同樣的，如果在溝通活動中所衍生的物理現象，是出於天國或上層星靈區的精神體的計畫內容，那麼，它們就必須藉由一位處在下層星靈條件之中的居間者去加以完成。

高級精神體利用位於底層的居間者或代理者，在地球製造出各種異常現象的這個有趣的觀念，在很早以前就由美國的震盪教徒(Shakers)提出過，震盪教是一個宗教的派別，他們在當代唯靈論蔚為風潮之前，早已經體驗到精神界的現象有數十年的時間。

在談到上個世紀發生在佛蒙特州(Vermont)，艾迪(Eddy)農莊的奇異物質化事件時，震盪教徒腓特烈・伊凡斯先生(Mr. Frederick Evans)對奧爾科特上校(Colonel H. S. Olcott)說，雖然這些物質化的現象是由地球附近的精神體所完成的，但它們可能是受到較高級精神體的控制。他說：「那些負責『計畫』農場上所產生現象的精神體，未必就是『執行』工作的。」

對於鬼魂這個主題，羅勃特・克魯寇下了一個明確的結論。他說，鬼魂也許是活人的表裏兩面、死人的靈魂、只有少量或沒有任何意識的星靈殼或幽靈、或是由活人或死者所創造出來的思想形式等，各種不同情況當中的一種。而後面這一種形式的鬼魂，其之所以能夠讓非通靈人士看見它，大都是藉助於非常接近它的通靈人士身上所產生出來的放射物質，才得以顯化出物質性。

克魯寇說，當這個出現的鬼魂，是猶活在層次較低的星靈層上的靈魂時，那麼它通常會提出如下的要求：「為我祈禱！」這意謂著那位逝者的靈魂，正處在一種非常不快樂的情境之中，並且可能也不明白自己為什麼會身陷在這裡。它只知道自己需要幫助。而活人的祈禱，顯然對死去的人大有幫助。

人類和鬼魂進行交談的活動，已經持續有數個世紀之久，雖然整體來說，這樣的活動在古代是交由僧侶和寺廟進行的。然而，似乎仍有一些不屬於寺廟的法師或巫師之類的人，能夠召喚這些幽靈。例如，聖經之中是警告禁止這類溝通活動的，但是掃羅王(King Saul)自己，卻曾經拜訪過隱多珥(Endor)當地的一名女巫（靈媒），並且和先知撒母耳(Samuel)的幽靈交談過。這對於他來說，並沒有什麼實際的利益，但如果掃羅能打破自己所訂立的，不准和死者溝通的這則律法，那麼有那麼多其他的人會如此做，也就不足為奇了。

但是在一百五十年前，由於某種神秘的原因，這項儀式卻變成透明化了，並且以烈火燎原之姿，襲捲西方世界這個枯燥的精神荒原。剛開始時，許多人認為唯靈論將為人類永恆的問題——也就是靈魂命運的問題提出解答。他們以為這是一項新興流行宗教的基礎。

然而結果卻完全不是那麼回事。我認為這箇中原因，可以在曾經花費許多時間與精力，去深入研究這種現象的那些分析、判斷與警告當中找到。

雖然在這項主題上，偉大的神秘學家們、預言家們和嚴謹的研究人員們，都各自由不同的天使那兒，獲得某些進展，然而在一些特定的基本結論上，他們卻有著相當一致的看法。那就是，即使靈媒的心靈具有令人難以置信的偉大力量，但溝通活動的價值，卻不能因為這種力量而完全被一筆抹煞。仍然有一些溝通活動，是由外在獨立的靈體所展開的。雖然在這些靈體之中，有部分可能是某種非人類的實體，但至少有一些是他們自己所宣稱的——死去之人的靈魂，而這亦適足以證明「死者」仍然活在某一個地方。

但是很不幸的，死者所發出的聲音，並不足以證明生命是超越於死亡之上的。當研究人員們採取方法，避過滿佈欺騙的陷阱區域，穿透由迷霧所形成的厚實屏幕，並且聽到了來自彼岸一位朋友的聲音時，他發現到了什麼?誠如聖經上所講的，結果將是「死者一無所知」。對此，斯維登堡和克魯寇各自提供了非常好，但卻並不相同的原因。進行溝通的幽靈若非處於半意識狀態的境界，就是由於來到地球的附近，因而使意識變得模糊不清，或者就像斯維登堡所見到的，幽靈和它所依附的活人心靈結合得非常緊密，因此它所有的觀念、想法都是出自於此。也許上述所說的這些因素，適足以說明在死後生命的真相探求方面，溝通活動為什麼並無法提供多少幫助。

除了大部分接收到的訊息都是不可靠，並且沒有什麼意義之外，專家們也承認，人們尋求和死者接觸的行為，是具有危險性的。他們或許會碰到預料所及之外的情況，也許會被幽靈附身，或甚至於被某個塵緣未了的邪惡實體所控制住。

更甚者，姑且不論這其中所甘冒的危險，以及一般人即使頻頻出席唯靈論者的降神會，也並不能有太多助益這一點，從另一個角度來看，降神會一般所引用的儀式，對於那些精神界的接觸者而言也是不好的。因為這會引發它們對於凡間事務的興趣，並且令它們對此產生眷戀之心。當靈魂應當致志於返回到高級精神領域，並且理當在此一方向有所精進時，這種溝通行為會將它們繫在塵世附近很長一段時間。一個人如果沒有堅定的信仰，那麼當他因目睹死亡而痛失所愛時，自然會想盡各種辦法去查出所愛的人是否仍活在某個地方，這一點是可以理解的。但是，如果他已經透過唯靈論，心滿意足的確立了這項事實，那麼他就應當再也不會去碰觸這件事。他不應當一再的試圖透過唯靈論者的聚會，和死去的人有所來往，因為這樣做不但會耽誤所愛的人在精神方面的進展，並且對他自身也沒有什麼好處。這種作法，是無法獲得更進一步的知識和智慧的。他應當記起自己是生活在這個世界，而那位死者則已經是另一個世界裡的人了，另一個超越塵世之外，屬於精神的更為幸福的園地。

雖然如此，唯靈論的某些觀點卻似乎是積極的，並且是有所貢獻的。例如在第二次大戰期間，由英國空軍元帥道丁伯爵(Lord Dowding)所統籌的營救組織，就做出了相當大的貢獻。特別是在戰爭期間，有成千上萬的人遭遇到橫死。克魯寇博士由他的研究（詳見第四章）之中歸結出來，這些人通常不會見到來自死亡彼岸的親友，或是其他的協助者。因此就會產生許多問題，特別是在傷亡慘重的情況之下。而唯靈論者所發起的營救團體中的工作人員們，就是試著要讓這些困惑不已的死者們明白，他們是真的死了，並且對他們提供協助，直到另一個世界引渡者的到來，引導這些靈魂進入那未知的國度時為止。

唯靈論所具備的另一項價值，似乎是在通靈者對於病人所發揮的神療作用上。當今有許多國家都採行了這一種方法。不論靈媒是直接造訪病人，或是在很遠的地方施行援助，所產生的效果都非常的良好。

已故的哈利·愛德華(Harry Edwards)，也許可以說是英國最為知名的人物，他就是因為同時以直接的個人接觸，和不在場的神療方式兩者，治癒了許多病人而揚名於世的。目前還有數位十分有名的靈媒神療者，分別在英國、美國還有其他的國家開業。這些人大多自信自己知道，那些透過他們來進行工作的精神體的名字。有時候，提供援助的精神體會報出一位新近過世，著名的醫界人士的姓名。當然，這樣的一個名字不但造就了信心，並且也對於病情朝向正面發展，提供了相當的幫助。然而事實上，這很可能是某個具有神療能力的精神體，竊用了這個著名的名字，來遂行其治療的目的。

巴西和菲律賓兩地，是唯靈論組織的派別當中，發展最為積極的國家。特別是在菲律賓當地，早已經展開了由訓練有素的研究人員們，進行審慎的研究工作。

那裡的靈媒神療人員們，都具有基督教的背景，並且大部分都屬於一個唯靈論者的組織，而據我所知，這個組織的成員們會提供這些人一定的訓練。他們原都是一些單純的村民們，只有在自己團體成員的要求之下，才會進行神療的工作。

然而後來，他們的聲名遠播到西方世界，並且吸引了由美國、歐洲和澳洲前來的人們，這些人帶著滿口袋的鈔票，和一身無藥可醫的慢性疾病到達了這裡。由於這些人在自己的國家之中，早已經習慣於花大把的銀子，來支付醫療的費用，因此他們對於這些神療人員們，通常出手都是十分大方的。而由於對黃金的貪婪，以及夢想財富與奢華的生活，則使得這些單純的心靈神療者，變得迷失了自己。他們因為想要不斷結交這些川流不息的有錢人們，因此心靈的力量就無可避免的開始衰退了，因此一旦有人要求他們進行治療時，許多人便不免開始說一些、或者很多的謊話。

結果是，當科學研究人員們去到當地時，卻發現在同一位神療者的身上，時常發生真正的精神力量，和欺騙的部分嚴重的混在一起的情形。但不論是出於心靈力量、熟練的技法，或是兩者兼之，對於那些精於世故的觀察者而言，這種特別的心靈出診是相當具有戲劇性，並且幾乎是令人難以置信的。

我在某次造訪菲律賓的機會當中，和許多人一樣曾經看見過，僅以一隻手指在皮膚之上一吹、或甚至距離更遠之處振動著，皮膚就自動裂開來的事件。但是我也發現到，當這一位神療人員的力量減弱之時，他便會用一片藏在藥棉之中的刮鬍刀，去展開他的切割活動。他可能是認為，只要其結果能使病人堅信一定會被治癒，那麼即使將一些物理性的力量和心靈的力量混在一起，也並沒有什麼不對的地方。這個人曾有過許多成功治癒的結果，但也有不少失敗的案例。

在研究人員們的經驗當中，有少數幾位神療人員是不使用騙術的，我去參觀其中一位的工作狀況。這位約瑟芬・西桑(Josephine Sisson)女士，是在她出生村落中的簡單房舍裡，進行神療工作的。經過允許，我可以在她對病人施行手術時，站在她的旁邊，我清楚的看到她把手指伸到皮膚裡面去，然後拿出一大堆混合著血，和其他種種類似腫瘤或金屬物體的東西。而在進行的過程當中，病人完全不會感到有任何的疼痛。不論她在肌膚之上開了什麼樣的口子，傷口立刻就會癒合起來，並且不會留下任何記號或疤痕。

所有的神療人員們在進行手術之時，自身都會呈現出昏迷的狀態，雖然這一點是很難加以偵測出來的。但是他們的這種昏迷狀態，和降神會場中靈媒一般睜著眼失神的坐在椅子上的情況，似乎有很大的不同。我所看到的神療人員們，並沒有顯現出昏迷的外在跡象。但是在他們進行「手術」活動當中，我卻能感受到在許多行降神術的地方，所感受到的同樣的波動，以及不可思議，並且有幾分黑暗的相同氣氛。雖然如此，我和約瑟芬・西桑以及維吉里歐・古鐵雷斯(Vergilio Guttierez)在一起時，卻可以感受到一種更為輕快，並且更具有精神性的震動，這也許可以視為附在他們身上的精神體，是一種形式較為進化的存有者。

可以確定的是，這些沒有接受過教育，不具備任何有關解剖學、生理學或醫學知識的村民們，是不可能憑藉自己的力量，完成目前所從事的工作的。即使是那些在必要之時所使用的障眼法部分，也可能是藉由那些透過他們的軀體，來進行工作的某一種實體完成的。同樣的，相當為人所知的具象化展示，和由病人體內或者體外，搬運出動物或人體組織的技法，也是超出這些單純的村民們，在一般意識狀態之下所具有的能力範圍之外的。我的看法是，就像他們自己所宣稱的，確實有一些來自其他時空的實體，在藉著這些神療人員的身體，施行著自己的工作。但是，這些役使他們軀體的實體的形式種類，則大多是根據療癒者的生命形態來決定的。換句話說，如果神療者本身愈純潔、愈不自私自利，那麼他所接觸到的精神體，其形式就會是愈進化的。至於那些完全為著物質利益而工作的療癒者，對於他們的病人而言，則可能是傷害多過於好處。

但是，這些人到底在實際上具有什麼貢獻呢？那些去找他們的人，通常都是些在正統醫療系統之下，認為已經沒有希望，並且已經放棄救治的人們。然而，在菲律賓以及一些施行精神神療法的地方，則仍然有治療的方法。我個人就知道有一些戲劇性的例子。但同時，也有許多人在離去時，不但是耗盡所有錢財，而且在健康上也沒有什麼起色。這大半得視病人自己的態度而定。總而言之，不論是使用正統的、或是其他的治療技術，其實真正發生效用的，只有自我的療癒。

研究人員們並不敢很權威的說，有多少病人是在菲律賓治好的。但有一些人估計，大約有兩成左右的人是立刻就痊癒了，還有更多是在一段時期之後，也許數週、數月或者是更久，才會發現到治療的效果。但大部分的人則只是回家等死。表面上來看，這就好像是賭博一樣全憑機率，但事實上，它牽涉到在神療人員能力之外的諸多因素——例如業力(karma)、想要治癒的潛意識的強烈度，以及對於肉眼看不見的事物的信心程度等。

雖然如此，整體而言，心靈或靈媒的神療活動，可以為唯靈論的成就再加一分。於此，可以提出一個有趣的問題：那些存在於超越死亡之外的時空裏的實體，是否曾經透過靈媒而提供我們任何的新知？雖然他們的溝通大部分都是些陳舊而不甚重要的東西，然而每當傳來令人鼓舞的哲學論點、或相關於此的課題時，有時候也會有意外的收穫。但是，即使這些內容令人感到振奮或者是有趣，其中有沒有任何的觀點，是在早期哲學家或聖人的著作當中，所發現不到的呢？

在這方面有一個很好的研究例子，那就是在靈媒珍・羅伯茨（Jane Roberts，本身是一位作家）所進行的溝通行動當中，有一位自稱是塞特（Seth，亞當的第三個兒子，諾亞的祖先——譯者按）的實體。

塞特運用許多不同的辭彙，所表達出來的主要哲學觀點是，意識創造了形式。它不僅創造出了整個的物理宇宙，就連我們在生前曾經居住過的，以及死後可能會去的其他每一個暫時的現實界，都是由它所創造出來的。在我們這個宇宙和其他的現象宇宙後面，有一個永恆不變的實在界。在我們周圍的這個物理宇宙，表面上看起來是真實的，但實際上，乃是意識透過我們的感官所創造出來的，是真正實在界的一種掩飾。同樣的，我們死後將會經歷到的實在界系統，雖然是建基在唯一的真正實在界，亦即塞特所說的「造一切主」(All That Is)之上，也仍然是意識所創造出來的。

當然，這些哲學觀點都可以在吠檀多哲學(Vedanta)當中找到。而吠檀多哲學是在很久以前，由《奧義書》(*Upanishads*)中的古代聖人(Rishis)所提出的哲學觀點，其後柏拉圖也提出過相似的概念。只不過，塞特卻以新的包裝，來重新打造這舊有的觀念。

雖然如此，他所提出的其中一個觀點，至少對我來說是很感到新鮮的。他說，意識不斷在擺動變化當中；因而它所創造出來的現象宇宙，也是斷斷續續的搖曳不定。這個意思就是說，我們的身體和周身的一切事物，並非永遠的存在著。其不存在時的間斷時期，就和存在期間一樣的長。這就好像是電影一樣，我們感覺不到每一格底片之間的間隔，整個看起來，就好像是連續的一樣。這是一個很有趣的觀點，並且也許是真的。

聲稱自己曾在人世之中經歷過好幾世，並且全部都記得的塞特，提到了一些關於死亡，以及緊接著死亡之後所發生的事情的內容。

他說，由於許多變化的因素，意識脫離肉體的時間可能很長，也可能很快就完成了。脫離肉體之後，你也許會、也許不會明白自己已經死了，因為你將會有一副對你來說依然是肉身的形體。然而，一旦你想要操作這個你所擁有的物理系統時，也許會驚訝並且迷惑的發現到，過去的你和現在的你是有所不同的。雖然如此，這時某個早已預定的人物會出現在你面前，準備幫助你明白已經發生的一切，並協助你越過生死的疆界，塞特稱這類的人物為「義務的嚮導」。這名嚮導是由已經死亡了的，或是仍然活著的人（通常是在出神的狀況下）擔任的。這一點和通神學，以及其他各種教義的內容都是一樣的。

堅信死後會經歷某些事情，並且到某些地方的態度，會使你幻想自己到了這些地方，例如傳統所說的天堂或者是地獄，但是這些令人身歷其境的存在，也只不過是暫時的而已。因此，為著自己的福祉以及進化著想，最好還是不要對死後境地的性質，懷有一種固定而詳盡的心靈圖像。你的觀念將一定會為你的經驗增色，而你也將會以你所堅信的某些觀點，來詮釋你所有的經驗。

根據塞特所說，人們由宗教人物和研究人員們那兒所獲得的回顧、或審判的說法，其實就是一種自我的回顧，是檢測自己前世基礎，並且學習去了解個人所有的經驗，都是由自身思想與情緒所形成的結果。一旦人們明白了前生所具有的重要性與意義之後，就可以進一步的理解到，所謂的前世，只不過是自身靈魂以及實體當中的一個面相而已。這是好的通神論。

更進一步的，塞特還贊成各種不同的神秘教義。他指出，死亡與再生之間的過渡階段，其間的差異可以是相當大的。它可能歷經數百年、數年，或只有幾個鐘頭，端賴個人各自不同的因素。

塞特的說法，確立了人類靈魂的存有，以及靈魂的不朽性。你所認識的，你之所以為你的某些部分和人格，都不過是你自己具備多重時空特性的靈魂，其中的一個面相而已。然而這一個面相卻不可以被一筆抹煞，也不可以由整個實體當中區分出來，因為它是一個完整的部分——就好像鑽石諸多切割面當中的任何一面，都是鑽石的重要面一樣。部分在組合成整個個體之後，依然是存在的。

塞特呼應印度古代聖人的看法，認為生命歷經多世的主要目的，正是要徹底理解我們和「造一切主」，也就是吠檀多哲學中所說的梵天(Brahman)結合為一這一點。

對於此世和彼世之間的溝通問題，他表示，由於死者的經驗並非一致，因此透過靈媒所獲得的訊息，往往會呈現出互相矛盾的情形。不但情況不同、境遇不同，就連哲學觀點都不盡相同。這些死者對於自身所處實在界的描述，只能針對他所知道的部分加以解說。對於那些超越他的心靈狀態的其他實在界的情況，他很可能是一無所知的。因此，描述和解釋之間的差異往往很大，而這一點，亦正違背了人類要求答案和敘述內容完全一致的理解能力。這和早期的一些解釋一樣，不但加強、並且證實了研究人員們在研究這類玄秘事物時，所提出的一些觀點。

雖然整體來看，塞特所提出的觀點並不新穎，但對我來說，他所陳述的內容則是非常具有價值的。這不僅是因為他對於吠陀哲學，以及一般古代智慧中的某些基本概念，提出了新的明證，同時也因為他運用了現代的措辭和語彙，以一種非常獨特的個人風格，來陳述舊有的真理。因此，在對於生命更深一層真相所抱持信念的重建工作，以及將之予以推廣方面，塞特的說明應當是有所幫助的。

這類在溝通上不尋常的冒險、唯靈論者的神療活動、由合格人士所擔任的營救工作，以及嚴謹的心靈研究等，毫無疑問的，都具有相當的價值。然而，除非一個人能夠致力於唯靈論中一些積極而有價值的觀點，否則，他就應當聰明的聽從專家的建議，並且遠離和「精神體」對話這種難以預知、毫無意義，甚至有時還相當危險的活動。

§第七章§

沒有死亡

我無生，無死，無階級，
我無父亦無母，
我為彼，我為彼，有福的精神體，
我為彼。

商羯羅（Adi Shankara，為中世紀印度教吠陀哲學的代表人物——譯者按）

那智科塔的探尋

在《卡陀奧義書》(*Katha Upanishad*)中有一則故事，內容是敘述一位少年因熱切探求死亡的意義，而被帶往夜摩天神(Lord Yama)住處的經過。

這則故事發生於印度古吠陀時代的一場偉大獻祭儀式。這場獻祭透顯出所謂精神性的死亡，乃是透過放棄個人所擁有的一切，並向神奉獻出自己在塵世所擁有財富的方式，來達到幸福和永恆的生命。在吠陀時代結束很久之後，基督也曾教導過人們這個相同的偉大真理，並且以他的生命為這項真理提出例證。在現代，則有日本的Tenko-san，以同樣嚴謹的態度來指導人們，並以之為生活的標的。

但是對一般人而言，這絕對不是一項容易施行的獻祭。在這則吠陀故事當中，這場獻祭儀式的主祭者瓦迦拉瓦(Vajasrava)，即是人性勝於神性的代表。而他那在一旁觀看的兒子那智科塔(Nachiketas)，則很快的就發現到這場儀式完全名實不符。因為他父親獻祭給神的，都是些太老而擠不出奶的乳牛，或是虛弱到無法吃草，也無法喝水的牛隻。事實上，他的父親可以說是以獻祭做為藉口，來除掉他那些無用的家畜。

「多麼的虛偽呀！」這名男孩這麼想。「即使我父親不想獻祭出自己所有的財產，他也應當獻給神一些他認為真正具有價值的東西呀！否則，又何來犧牲可言呢？這虛偽的矯飾，一定只能帶給他遺憾，而不會帶給他幸福的。」

由於那智科塔知道父親非常的愛他，因此他說：「那麼你要將我獻祭給誰呢？」瓦迦拉瓦並沒有回答。因此，那智科塔又再問了一次，然而他的父親卻依然保持沉默。於是，那智科塔又問了第三次，這一次，終於惹得他的父親勃然大怒的說：「我會將你交給死神夜摩天的。」

過了一會兒，瓦迦拉瓦冷靜了下來，心裡對此感到十分的愧疚，但是話已出口，而那智科塔也已經決定要去見夜摩天神了。「真理的追尋，就是通往永恆居所的大道。」那智科塔提醒父親說。這項追尋對他而言，是比父親的愛和生命的本身，更為他所珍視的一件事。於是他義無反顧的離開了家，動身前往夜摩天神住的地方去。

然而，當他到達目的地時，卻發現夜摩天神因外出而未歸。在沒有任何飲食的情況之下，他在那兒等了整整三天三夜，堅持不計任何後果，一定要找出死亡的真象。最後，夜摩天神終於由外面歸來，並且因為自己對來客的招待不周，而感到非常的內疚。

於是夜摩天神對他說：「由於你是以貴客的身份來到此地，卻沒能受到盛情的款待長達三日之久，因此，我將實現你三個願望。」

那智科塔的第一個願望，是和他的父親有關的。他希望自己回到家時，瓦迦拉瓦會帶著寬恕和愛，迎接他的歸來。夜摩天神應許了他的這項請求，並且補充說道：「一旦他見到你由死亡的虎口歸來，夜晚的睡眠亦將會格外的香甜。」

這段對話指出了，事實上，那智科塔並沒有因為要達到和死神接觸的目的，而喪失了自己的生命；也許，他只是經歷到了今日所謂的瀕死經驗而已。

至於那智科塔的第二個願望，則是詢問死後得以進入天國的方法。他說道：「天國之中沒有恐懼，因為那兒沒有年老和死亡。在那裡，只有超越了饑渴和憂慮的喜悅。你知道的，噢！夜摩天，獻祭的聖火是接引到天國的。由於我對此深信不疑，因此請為我加以說明吧。」

夜摩天神非常樂意實現他的請求。於是他說：「那既是達到無限世界的工具，又是無限世界基石的聖火，實則隱藏在人們內心最聖潔之處。」他接著又描述說，如果燔祭儀式施行正確的話，那麼當人們面臨死亡之時，它便可以帶著他們超越悲傷，進入天國的領域。

然而這番解釋，卻並不足以令那智科塔感到滿意。他知道還有更多的內情，是夜摩天神所沒有透露的，他決心要求得職掌生死秘密的根源。由於所有緣會而成的事物，都將會有一個最終的去處，因此就像塵世一樣，天國也必然會在某個預定的時刻裡消失。那麼，永恆的信念又該當如何解釋呢？人類是否具有一個超越時間、無始無終的永恆精神體呢？有人說有，有人則說沒有。事情的真相到底如何？這個問題的回答，便是他要求夜摩天神實現的第三個願望。

此時，夜摩天神首次對此感到有所猶豫。他說：「縱然是古代諸神們，也對這項秘密感到有所懷疑。你就發發慈悲饒了我，改問另外一個問題吧。」

那智科塔則回答他說：「我要到那兒再去找一位比死神本人更好的老師，來解答這個謎題呢？再沒有比這更好的要求了。」

於是，夜摩天神便企圖以天下所有的財富，甚至於統領浩翰人間的權能，來誘使那智科塔接受並放棄所問。

但那智科塔就像基督一樣，對此並不為所動。他說：「這些屬於塵俗的歡樂，最後都終將消逝。的確，人生苦短，因此一旦人們感覺到自身得以不朽，那麼他還會想要過著享有虛幻的美貌與財富的生活嗎？不！請完成應允我的請求吧。揭露這項偉大的、超越的秘密吧。這將是那智科塔所要求的唯一一項禮物。」

為了信守承諾，同時又明白這名男孩不但真心誠意，並且也值得告訴他有關聖火的知識，於是夜摩天神開始對此一問題詳加的說明。

他所詳述的內容，即形成了日後偉大的吠陀精神哲學的精髓。

吠陀哲學中的生死觀

《奧義書》(*the Upanishads*)乃是吠陀傳統在最後發展階段當中，用來評注並且解釋吠陀著作的思辨作品，這類作品就像那智科塔一樣，都是認真、並且令人景仰的在追尋著真理。雖然《卡陀奧義書》(*the Katha Upanishad*)對於吠陀傳統的概念，擁有比其他作品更為一致的解釋，然而大多數的《奧義書》作品，卻都或多或少的在哲學方面有所貢獻。

這些作品當中所包含的教義，後來有系統的形成了日後我們所熟知的《梵王經》(*Brahma Sutras*)和《吠檀多經》(*Vedanta Sutras*)，由於這些經書是以簡短的格言的方式來加以書寫的，本身需要再加以闡發和解釋，因而數個世紀以來，已經有許多偉大的哲人們，分別完成了不同的註釋工作。

從耶穌紀元開始，在印度歷史上便出現了三位偉大而傑出的註釋家，他們分別是商羯羅(Adi Shankara)、羅摩奴闍(Ramanuja)和摩陀伐(Madhava)。雖然這三位著名的哲人在基本議題上，都獲致了相同的結論，但是在許多形而上學的觀點上，卻彼此互有出入。結果，這三種不同版本的註釋作品，便形成了吠檀多哲學中的三個派別：一元論(Advaita)、準一元論(Visishtadvaita)和二元論(Dvaita)吠檀多。

由於這些不同的詮釋當中，談到了人類靈魂最終命運的問題，因此在這裡，它們將成為我們討論主題的一部分。

首先，讓我們先來看一下這三位偉大的註釋家們所一致同意的觀點，以及那些得以建立體系龐大而卓越之吠檀多哲學的基本論點。

第一個主要的概念是：既超越、又內在於現象世界的永恆實體，是無法經由人類的外在五官和理性去加以認知的。吠檀多學者稱此為絕對永恆的真實梵天(Absolute Eternal Reality Brahman)。

另一個重要的觀點則是，雖然梵天是既內在又超越於萬物，但尋找祂的捷徑，卻是在我們自己的心中。只要在心內找到了祂，我們便可以發現到祂無所不在，並且明白自己與祂是一體的。這種提倡與神合一之偉大體驗的學說，一掃根植於我們生活當中的無知。如此一來，我們便可以由自縛於無知當中，得到真正的解脫。

這種由神秘主義者親身體驗出來，直指人類本質的秘訣，在古代是只有環坐於大君身旁的特權人士，才有資格親炙的，今日，由於賽巴巴以及其他宗師們的推廣，則已經普及到了一般大眾。除了推廣萬化皆與神為一的教義之外，賽巴巴同時還傳授世人要達到解脫所應當遵循的生活方式，以及施行的精神訓練。如果人們能夠充分的理解，並切實的遵從，那麼世界將會有所改變，而一個開悟的新世紀與和平，亦將隨之展開。

吠檀多哲學的第三個重要思想是，梵天乃是萬化之源，雖然對於梵天之所出，註釋家們並沒有一致的看法，但並不礙此一中心主旨的確立。

接著，讓我們進一步來談一談本書的中心主旨，也就是死亡以及死後的遭遇問題。我們可以發現到在吠檀多教義之中，這一類的觀點相當接近於通神學、以及其他神秘教義的思想內容。雖然在細節上，它們彼此仍互有出入，但基本看法卻都是一致的。

雖然如此，吠檀多思想卻沒能由死後存在的領域這一部分的觀點，轉而關懷那些能帶領人們超越這些領域的光明與解脫活動上。但是對於死亡這項主題，以及對於那些尚未能理解神，並且未能超脫生死輪迴的廣大群眾們再生的必要性，它卻多有著墨。

在《印度往世書》(*the Hindu Puranas*)這本書中，對於死後的境界、各個世間，以及未得解脫的靈魂們的情況等，都有十分詳盡的描述。因此，透過《奧義書》和《往世書》這兩部作品，我們對於印度思想當中，有關於人類靈魂死後的命運這一部分，將可以獲得相當充分的瞭解。

雖然有許多死後的境界都叫做世間(lokas)，然而這些地方，似乎都可以和我們前面所說的各個領域，相互對照來看。例如布瓦爾世間(Bhuvarloka)，就大約相當於通神學中所說的星靈層。印度教指出，那是個深入於人間，並且又大於人間的一個地方。此外，另有一個相當於心靈層的地方，他們則稱之為斯瓦爾加世間(Svargaloka)。這是一個深入星靈層，但範圍卻遠比它更為廣大的地方。在心靈層（斯瓦爾加）之上，另有四個屬於更為進化的靈魂世界。它們分別是瑪哈爾世間(Maharloka)、加納世間(Janaloka)、塔波世間(Tapoloka)以及薩提亞世間(Satyaloka)。由人間(Bhuloka)到薩提亞世間這七重世界，都包含在宇宙巨蛋(the Cosmic Egg)之中，是屬於梵天所進行的創化工程的範圍之內。但根據《毗濕奴往生》(*the Vishnu Purana*)這部作品所說的，在這宇宙巨蛋之上，另有兩個區域存在，這兩個區域是可以透過宇宙巨蛋這個領域而臻至的。這兩個區域即稱之為韋勘達(Vaikuntha)和戈世間(Goloka)。

每一個世間都代表著一種存在的狀態，各自表現出一種神性意識的形式，並且對表現出那種意識狀態的質料進行修正。既然個體靈魂乃是屬於神的，那麼，透過個體意識的改變，它就應當能夠理解這七種不同意識的狀態，並且能夠生存於這七重世界當中的任何一個。

人間、星靈和天國這前三個世間，乃是靈魂在生死輪迴這漫長的進化過程當中，所必須停留的地方。它們就是所謂的三世間。至於大約和通神學中的因果層相符合的較高世間，則是一些除非靈魂獲得了較高的進展，否則無法到達的地方。所有存在於宇宙巨蛋之中的這些區域，都會在宇宙衰壞之時毀滅，但是韋勘達和戈世間，則據說將永遠存在。

此外，還有另外七個比人間的性質更為粗糙的地方。這些稱之為塔拉(tala)的地方，是指各種不同形態的地獄，是邪惡的人才會去的地方。那些生前犯有錯誤之人，在回到人間重新投胎轉世，並且終於試著對其生命加以深思之前，都將在這些地方遭受痛苦以贖其罪孽，並且學習如何真誠無偽的面對自己內在深藏的自我，「成為和整個世界合而為一」。

甚至於，還有許多是內在於由人間到薩提亞這七個主要世間之內，並且接近宇宙巨蛋外緣的地方。這些地方在印度經文當中，都各自有不同的名稱。例如，在塔拉之上，層次較低的普列塔世間(Pretaloka)，就是一個靈魂仍然能感受到強烈的感官需求、以及塵世欲望的地方。靈魂在這裡能感受到深沉的悲哀與痛苦。然而，由於至親好友在人間為之祈禱所產生的助力，卻能幫助靈魂由欲望和執有之中得到縛解，並且朝向更高、更為幸福的境界前進。

在較高境界當中，有一個叫做祖先福祉(Pitriloka)的地方，這是一個父祖先人們居住的地方。那些在世期間具有善行，但並未過著一種真正具備精神性生活的人（換句話而言，就是指一般的人），將會前往這個地方。在那裡，他們將和先人們幸福的生活在一起，要經過一段很長的時間之後，才會再度的投胎轉世。

在《薄伽梵歌》(*the Bhagavad—Gita*)這部作品當中，黑天神(Lord Krishna)曾說：「凡崇拜祖先者，將朝著祖先而去。」祖先福祉，就正是他們所要去的地方。

但在天國世界當中，還有比祖先福祉更為幸福的地方。黑天神曾說，那些崇拜諸神的人們，將朝著諸神而去，此外，人們還可能前往許多次級諸神的幸福居所，如因陀羅世間

(Indraloka)、伐樓那世間(Varunaloka)、俱毗羅世間(Kuberaloka)以及其他的地方等等。

在所有天國世界內的生命，以及在此所需具備的條件，都詳細記載在不同的《印度往世書》裡。它們都是屬於天國的部份，而在這些光彩奪目的地方，天神(devas)和有德的靈魂等，將非常幸福的在此度過很長的一段時間。他們不但擁有耀眼而且美麗的軀體，同時還具有超越、以及能自由的優游於此一微妙身軀的能力。

天國，這個回報在世時具備善行的靈魂們以快樂、沒有衝突、美夢永遠都會成真的地方，是一個令人感到圓滿俱足的幸福境界。在那裡，沒有抗爭、沒有阻力，靈魂也無需為了掙脫軀殼，並達到與上帝永遠合一而發展力量。因為，為了完成其命運之中的最高進程，他似乎還需要以另一段塵世生命，來做為他進階的跳板。

當靈魂終於衝破宇宙巨蛋，並進入超越宇宙的崇高聖地時，他將會停留在這個真正精神之家的庭院深處，直到他和梵天結合，並終止了輪迴的活動為止。此外，另有一些進化了的靈魂，則會在死亡的剎那即與神融合，並達到完全的解脫。

總之，印度教義當中對於死後生命的看法，簡單的說，就是有個包含人間在內的七大區域存在，它們一直向上延伸到了質料性質更為細緻，並且意識境界更高的地方。就像在同一大陸上有許多不同的國家一樣，靈魂將根據其個別進化程度、以及特殊愛好等條件，各自前往不同的區域，並在那裡待上長短不一的一段時間。

同樣的，由人間以降，也有七個向下發展的區域，凡在世時為惡之人，都將在這些具備了粗劣、綢密質料，以及意識境界較低的地方，遭受痛苦的折磨。

不論靈魂依其善業或者惡業，前往存在境界較高或較低之處，最後他都要再回到人世去，經歷另一段生命，接受另一次朝向完美發展的機會。

靈魂在輪迴當中求取進化的過程，是上演於圍繞在宇宙巨蛋，也就是創化工程四周的圓環之內的。在這個圓環之上的是神，那是個無生無死，靈魂迴向上帝的永恆區域。

對於那些在世之時便大徹大悟，並且理解到自己實則與上帝為一的人而言，是沒有所謂的死亡。有的只是拋卻肉體軀殼的概念而已，而肉體就好像是一張包裝紙，一旦完成了他的存在目的之後，就不再是必要的了。

然而，所謂的解脫以及與神合一的狀態，到底又是指什麼呢？關於這一點，偉大的吠檀多註釋家們，卻並沒能在上帝的本質、以及人類靈魂的最終命運等問題上，達成一致的共識。

商羯羅主張，梵天是沒有屬性的。這也就是說，我們無法將任何有限的性質，加諸在梵天的身上。我們只能說，祂是Satchitananda——絕對存在、絕對意識，以及無限的幸福。至於其他的註釋家們，則從經文當中得出了不同的結論，認為梵天是一位具備了無限美好屬性的人格神。

對商羯羅這位一元論者而言，除了唯一的梵天之外，只有虛空。宇宙並不是真實的存在。而人們之所以會認為它存在，主要是因為人類的心靈和感官，錯將原來並不存在的東西，誤認為是具體存在的緣故，這就和在沙漠中看到幻象，或是將繩子誤認為蛇一樣的道理。同樣的，我們也透過自己的感覺，在唯一存在的梵天之上，添加了這個複雜的宇宙。因此，宇宙只是一種心靈存在而已。它就好像是偶然的魔燈表演一樣；在魔燈背後的永恆「屏幕」，才是唯一真實的存在。

但是其他的註釋家們則認為，這個教義是錯誤的，宇宙雖然變化不已，但卻是真實的。它不但是由梵天產生的，同時也是梵天自身的形式或表現。

至於人類靈魂的最終命運這項問題，同樣的，在吠檀多思想當中也是眾說紛紜。對商羯羅而言，個別獨立的靈魂乃是不存在的。而我們對於靈魂存在的信念，也只是一種假象而已。只有梵天存在，而我們則與梵天為一，這就好像陶壺裡面的空間部分，和壺外無限的空間乃是一致的，只要一旦將陶壺打破，就可以獲得證明。同樣的，一旦那道將我們與梵天隔離開來的虛幻外殼破裂了，我們便能夠明白自己是與唯一的生命為一，瞭解到並沒有許多個別的自我，只有唯一的自我這項事實。

因此，個別靈魂的最終命運，就是完全的融入梵天，就好像「珠露滑落波光粼粼的大海」一樣。由於梵天的存有是超越人類的理解能力之上的，是以我們很難真正的了解人類靈魂融入其中的情況。佛教徒稱此為涅槃(nirvana)，而《亞洲之光》(*The Light of Asia*)這本書中，埃德溫・亞諾男爵(Sir Edwin Arnold)則引佛陀所說過的一段話指出：

若有任何人說涅槃是完全終止，
那麼這個人就是在偽言惑眾。
若有任何人說涅槃是生，
那麼說這句話的人就是妄言不實；是不明究竟，
既無明光朗照於朽壞燈炬之上，
亦無永生之福祉。

因此，即使真有這樣一種狀況存在的話，也無法以文字來加以界定。但在此就產生了一個問題。那就是，如果人類完全終止了其自身的存有，那麼，他長久以來致力於發展人格精神的完美，其目的又是為什麼呢？無論如何，我們必須將這一項形而上學問題的答案，指向永恆。

根據準一元論者羅摩奴闍的註釋指出，個別靈魂是以梵天的形式永遠存在的。他們並非就是梵天，而是梵天的一部分。靈魂在世界創生之初誕生，在輪迴結束之際，返回與梵天結合在一起。然而這裡所說的結合，和一元論吠檀多所說的完全融合，似乎是不盡相同的；因為，在強調合一的時候，靈魂的個別特質都或多或少的保留了下來。這一點，和通神學中所說的，進化的個別靈魂將配合上帝的神聖計畫，漸漸的成為上帝的親密友伴的概念，可以說是相當接近的。

另一位梵文經典的傑出註釋家，摩陀伐則採取二元論哲學。他以為梵天和個別靈魂乃分屬兩種獨立的實體，自有始以來就已經存在，並且將歸向於永恆。沒有所謂的融入，也沒有所謂的合一。就如同梵天乃是屬於祂所創造、毀滅、又再次創造，循環不已的宇宙一般，祂也是個別靈魂的統治者。

不論那一位註釋家的觀點代表著最終的真理，吠陀思想的基本特質在於認為，唯一的實體梵天，乃是自永恆以來即已經存在，並且將永遠存在，無始亦無終的。至於宇宙，則姑且不論其具有幾分的真實性，都是由梵天所形成的，或者可以說，都是罩在祂外面的覆蓋物，或者是「變化的形式」。

人類的靈魂不論是等同於梵天、是梵天的一部分，或者是獨立的，同樣都是永遠存在。要自悲傷與衝突，和不斷往返於生死之間獲得解脫，並且進入全然幸福狀態的唯一方法，就是尋求有關至高無上之神的直接知識。這項知識是無法透過理性、以及接引外物的感官獲得的，它只能在向內追索一切存有來源時，方才得以掌握。

至於死神透露給那智科塔，屬於吠檀多哲學的那些訊息，其本質則是表達出，對於那些超越於死亡之上，並且能洞悉此一事件真象，置於時間之外的永恆源頭之處的人而言，並沒有所謂的死亡。

今日，有許多來自世界各地的人們，就在薩提亞・賽巴巴這類宗師的指導之下，接觸到這些偉大的真理，他們不僅教授這項永恆的哲學，同時也指導人們如何施行與神合一的瑜伽之道。

東西的匯流——基督教科學派

在十九世紀的最後二十五年創辦於美國的基督教科學派(Christian Science)，和吠檀多哲學具有一些相似的地方。有些信奉基督教科學派的歷史學家們表示，此派的創辦者瑪麗・貝克・艾娣女士(Mrs. Mary Baker Eddy)，在心靈上深受東方思想的影響。的確，某一神秘教派指出，這項運動的幕後發起人，乃是一位隸屬於大懷特兄弟會(the Great White Brotherhood)的東方宗師。

然而，不論事實果真如此，或是艾娣女士所提出的教義內容，是出自於她所獲得的內在啟示，誠如她的追隨者們大多宣稱的，那些精神性的概念，有許多是屬於吠檀多哲學的內容，只不過是由作者賦予它基督教的色彩。

就我個人而言，年輕的時候，曾有人向我介紹過基督教科學派的理論，然而當時的我根本無法理解其精神，更不用說是掌握其背後的偉大哲學概念了，直到許多年之後，我在印度研習了吠檀多的哲學，至此方才得以一窺基督教科學派的內涵。吠檀多哲學不但使我得以瞭解基督教科學派，同時也讓那些深奧的精神性觀念，變得可以為人所接受。

然而很不幸的，「基督教科學派」這個名稱，卻限制了它所帶給人們的想像空間，讓人們一聽到名稱，便立即以為是有關於基督教的東西。也許「神的科學」這個名稱聽起來會比較好些，艾娣女士自己有時就使用它和「精神科學」這兩個名稱，來代替「基督教科學」這個稱呼。

她同時指出，基督的概念不應該只限制在基督紀元，它應當是無始亦無終的。在雙魚宮時代(the Age of Pisces)開始之時，由耶穌基督所傳授、並且具體實現，具有神療力量的精神真理，是「自古以來」即有的。然而，由於這個觀念並不為一般人所知和接受，因此，它並沒能克服由於這個名稱所帶來的限制。

但是，讓我們試著檢測有關吠陀哲學、基督教科學派兩者之間，對於神、宇宙、人類本質和死亡的意義等問題，在觀點上的異同。

艾娣女士指出，神即是唯一，即是全體。在充滿所有空間的神、精神體之外，沒有所謂的存在。

宇宙並不像我們所看到的那樣。肉體感官和屬於人類的心靈是會欺騙人的，因此透過它們，我們所認識的東西，也就是我們所謂的物理宇宙，完全是子虛烏有之物。我們犯了一個根本的錯誤，那就是將想像出來的物質宇宙，視為是真實的精神體、真正具有的實相，以及等同於神。

同樣的，人類也是屬於精神性的存有，並且是與神為一的。我們所謂的肉體，只是一個幻象而已，並不是真實的存在。人類乃是神的永恆影像。因此，具有精神性的人類是常存的，並且也將永遠存在。但是，人類並不像反射在池塘或河水表面上細碎的陽光一樣，是由陽光當中分離出來的，他並不是由神那裡區分出來的。因此，艾娣女士和商羯羅的觀點，可以說是一致的。

當艾娣女士將人類定義為神的形象，並且是與神共存時，她所說的人類，乃是指真正的精神人，精神人不是指在未來某種狀況之下，人類將會存在的狀態，而是指人類現在的存在，是在他願意運用精神的感官，真正看清自己的時候即已經存在的。她說，真人乃是指真正的神性心靈。他的心靈和神合而為一。他也「並不會將生命、智力以及創造的力量等，佔為己有，而是精神性的反映出，所有的一切都屬於他的創造主。」他完全是一個神的影像而已。

就像東方的聖人一樣，艾娣女士在這裡是用夢境來比喻存在的狀態。「凡人的存在，是一場充滿痛苦和欲望的夢，是一場有關罪惡、疾病與死亡的夢。」當我們自沉睡的夢中警醒時，會感到這一切只不過是一種心靈的狀態，並不是真實的。凡人的存在也是一樣：是由心靈想像出來的一連串夢境。在這兩個例子當中，我們在做夢時，總以為自己的身和環境都是真實的；在這兩個例子當中，我們都錯了，因為這一切都只不過是心靈的設計而已。

死亡，不過是凡人所做有關生命的夢境的一部分而已。人們夢到自己活著，夢到自己死亡。然而，如果人類能夠在死亡之前，就將錯誤的認知面紗拋去，並且明白事實上，自己乃是不朽的精神存有，那麼，他將會知道實際上並沒有死亡，因為從來就沒有降生。生死存亡，都只是凡人夢境中的事件而已。

但是，如果他並沒有覺悟到這項偉大的真理，也就是信仰吠檀多的人們所說的「有關梵天的知識」，那麼，他將會經歷死亡這悲傷的一幕，並且經由死亡，走進另一場清醒的夢中。他將會像過往所經歷過的死亡一樣，呈現出僵硬的物質性軀體，幾乎和過去他所拋棄的肉體完全一樣。這一切，看起來一點也不像是一場夢。對於那些已經死亡的、和依然活著的凡人而言，這一切完全像是真的。夢總是如此。

關於這一項稱之為「死亡」的真正轉變期，艾娣女士是這麼說的：「在由一個夢境通往另一個夢境，或是由塵世之眼中，覺醒到生命的偉大真理的玄關處，死亡的人也許會聽到那些早已先一步到來之人的熱切歡迎之聲。」根據這段陳述，不論是由一個夢境過渡到另一個夢境的人，或是能覺悟到真實存在的偉大真理的人，兩者都會經歷到接受歡迎的景象。

那些無法由信仰物質性存在的虛妄之中解脫出來的人，以及那些依然相信物質性軀體的真實性的人，在經過這一段死亡過渡期之後，將會發現到自己具有一副「和生前一模一樣的身體」。

這樣的身體，雖然和那名「死者」非常的相像，但那些正在埋葬屍體，並且悲傷的認為，自己今後將永遠失去這位曾相愛經年的人們，卻都看不到他。

但是，真人是不會消失，沒有死亡的；事實上，他是不會死亡的。越過死亡的紗罩，生命依舊持續下去，不論人們是覺悟到真正的精神存在，或是在另一個存在的領域，繼續另一段夢境。關於這些介於生死之間的中間區域，艾娣女士所言不多。但這寥寥數語，卻大致上與神秘教義不謀而合。

關於天國和地獄這一部分，艾娣女士所敘述的內容，幾乎和思維登堡在這方面的觀點完全一致，那就是人類是自己投身到地獄之中的，而不是被上帝投擲進去的。她相信，罪惡其實是人類對於自身的懲罰，而且，如果懲罰不足以使人在有生之年改過自新的話，那麼，善人的天國也將會變成是罪人的地獄。對於那些無法由經驗中明白淨化和愛的人而言，單純的由中介點過渡到另一個存在領域，是無法在真理和愛的伴隨之下找到幸福的。神的科學指出，「若要停止對於罪惡的偏好，遭受痛苦乃是必要的，不論這痛苦是在生前或死後發生。」

然而，不論人們來世是前往善人的天國也好，罪人的地獄也好，或是介於這兩地之間，為了要從凡人的夢境當中覺悟到自己的精神實體，他都必須通過另一個或稱之為「死亡」的中介點。艾娣女士寫道：「在下一個存在的領域裡，死亡將會像在這裡一樣的發生，除非人們能達到和生命有關的精神性理解。」

單就神即是全體，沒有任何事物是外於神而存在這一個觀點而言，基督教科學派和一元論的吠檀多哲學，可以說是完全一致的，但若由其他方面來看，它和吠檀多哲學當中的另外一些派別，則可以說是更為接近。

根據基督教科學派所言，人類在認知自己的精神實體，了解到自己與神為一之後，其最終的命運問題，並非如商羯羅所說的那樣。換句話說，人類並不會像珠露融入大海一般的，和不具有形式的神融合在一起。相反的，他們將永遠保有各自的獨特性。

雖然如此，人類在覺悟之後，卻不會再沉浸於無知和錯誤之中，不會再為死亡所迷惑，他將會明白，自己只是那唯一存在(the One Existence)的一個影像。由於覺悟到每一個人都是神的唯一影像，並且了解在「一」當中有「多」的這項真理，因此，人類將會以了悟、平靜和幸福的狀態永遠的存在。

這樣的一種概念，似乎是介於吠檀多哲學的一元論，和準一元論之間的。但是，它和這兩個學派當中的任何一方，其內容卻又不是完全一樣。在寓意和許多的枝微末節上，基督教科學派無疑的具有基督教的思想背景。甚至，由於艾娣女士接受的是西方宗教的訓練，因此，她並沒有引用吠檀多教義當中的轉世思想。

雖然如此，由最深入的概念層次來看，吠檀多哲學與基督教派之間所具有的共通性，仍是令人稱奇不已的。艾娣女士並沒有受到任何一位東方宗師，或吠檀多哲學的直接影響，那麼這些和古代吠檀多哲學的祖師們，所表達出來的深刻精神真理完全一致的內容，就必然是屬於她自己個人獨特的見解。

有關於最高真理這一部分的陳述，基督教科學派和吠檀多哲學兩者之間，所呈現出來的差異性這一點，其實並不是十分的重要。因為，最深刻的真理乃是超越於文字之上的，一旦運用文字去加以表達，此時所表現出來的，已經不是完全的真理了。吠檀多哲學和基督教科學派兩者，都試圖要將這一種無從敘述的特性表現出來；而這兩種學說，也似乎都非常接近永恆的真理。

艾娣女士和她的追隨者們，已經藉由神療的工作，成功的證明了他們對於實在世界的了解。在此，雖然我們知道從事實的角度來看，物質性的存在並不是真實的，卻仍必需帶著這樣的一種幻象生活下去。但是，我們可以拒絕接受身心不協調和疾病存在的幻象。那些信奉基督教科學派的人們已經證實了，疾病是可以藉由心靈上的拒絕接受，來加以治癒的。

當然，一旦人生走到了盡頭時，即使是基督教科學派的信徒，也必須要經過肉體的死亡，不過不同的是，他們對此都知之甚詳。

我們在吠檀多哲學以及基督教科學派中找到的，對於死亡的意義的深刻理解，在《西藏度亡經》(*The Tibetan Book of the Dead*)這本書中可以再次的發現到。和前面所敘述的兩種思想一樣，這本書的內容，和它的發源地西藏、以及當地人們的文化背景之間，有著密不可分的關係。但是在本質上，其所傳達的卻是同一個信念，那就是：對於那些了悟生命意義的人而言，並沒有所謂的死亡。雖然如此，這本書中仍有一些觀點是西藏人所獨具的，那就是：它顯示出了人們在臨終之際，是如何得以了悟、以及掙脫生死輪迴的過程的。

西藏人稱這本書為《中陰得度》(*Bardo Thodol*)，意即「死後聞教而得解脫」之義。它指出了這部作品產生的主要目的，以及如何使用它的方法。人們會對瀕臨死亡的人大聲的誦讀此書，並且在當事人過世之後，還會繼續朗讀一段時間。它能引導死者通過中陰境地，並告訴死者的靈魂要如何避免會遭遇到的陷阱，而找到通往最高境界的路。完成這部作品，並且創立這項風俗習慣的西藏民族明白，在死亡過程和死後一段時間裡，只要靈魂還待在與人世十分接近的地方，那麼它就聽得到人們在說些什麼。中陰(bardo)就是人死後立即要去的地方，這個地方大約即是通神教中所說的低級星靈層。

《中陰得度》這本書，是由印度教的宗師們世世代代口述留傳下來的，沒有人知道這本書的確切來源。然而學者們則認為，這本書是約略在西元八世紀時，也就是在喇嘛教的創教大師，蓮華生大士(Padma Sambhava)的那個時代，第一次以文字記載下來的。接著，這份記載手跡便被藏了起來，經過了很長的一段時間之後，才為人們所發現。至於這本書到底是被「藏了起來」，還是根本就是一本「秘傳」的書，則只有始作俑者才能明瞭其初衷了。不過，最後它還是公諸於世了，並且還由年輕的牛津大學畢業生，伊文思・恩慈博士(Dr. T. W. Evans Wentz)傳到西方世界去。伊文思・恩慈是在西元一九一九年時，由一位在大吉嶺(Darjeeling)僧院打禪的喇嘛那裡，獲得一份手抄本的影本。他盡快的將它交由一位偉大的喇嘛學者，格西喇嘛達瓦桑杜(Lama Kazi Dawa-Samdup)譯為英文。❶

伊文思・恩慈博士協助格西喇嘛，將這部西藏秘教中難於理解的文獻，翻譯成通俗易懂的英文，將之編纂成書，並且還寫了一大段富饒含意、解釋性質的有趣介紹文字。這部書在西元一九二七年時，由英國的牛津大學付印成書。

在這本書的第二版裏，卡爾・容格博士(Dr. Carl Jung)寫了一篇推崇不已的「心理學的評註」，表示這本書自初版以來，就成為他的親密夥伴，並且還說，這本書中的許多深刻洞見

❶ 格西喇嘛達瓦桑杜曾經擔任英國政府在不丹王國(Bhutan)的英譯人員。然後，他又在西藏的加爾各達大學(the University of Calcutta)裡擔任講師的工作，他所寫的《藏英辭典》，便是由加爾各達大學幫他付梓的。

使他受益不少。他盛讚這本書致力於死者的最高精神福祉的表現，並因而指出：「每一位有心並且抱持著嚴謹態度來閱讀此書的人，都應該問自己一個問題，那就是這些睿智的古代喇嘛們，究竟有沒有親身目睹過那四種死亡的領域，並獲取那最偉大的死亡奧秘？」

容格說，這本書過去雖然是不傳世的，但現在卻已經是公諸於世的，這也就是說，現在任何人只要想看這本書的話，都可以輕易的辦到。然而事實上，它依然是一本「秘而不傳」的書。因為只有那些具備有足以理解精神性領域條件的人，才有可能掌握住它內在的涵義。對大多數的人來說，它仍然是一本令人迷惑而不知所云的天書。要能夠真正的讀通這一本書，光是讓它「公開」是不夠的。

我在位於印度的通神學總部就學的那段期間，曾因為要修習「睿智的教義」(the Wisdom Teach)這門課，而第一次嘗試去閱讀《西藏度亡經》這本書。對當時的我來說，這本書也許是過於深奧而抽象了。因此，我把它擺在一旁，留待日後再加以詳讀。而再一次的，我又是在接觸了吠陀哲學之後，才明瞭了這部書的基本教義。

但首先讓我們來看一看這本書中有關儀式的部分，那是這本書的部分譯述（因為有關於這一方面的譯述作品有很多），在這片奧妙而充滿著神秘主義氣息的土地上，曾經沿用過無數世代的一個方法。

儀式內容是，當靈魂快要離開肉體的徵兆出現時，人們就要在這位瀕臨死亡的死者面前，大聲的唸誦這本書。而在死者死亡之後，在屍體前面唸誦的工作仍然要持續下去，並且由於相信靈魂剛剛才脫離肉體不久，仍舊聽得到肉身附近所發出的聲音，因此在屍體入殮下葬之後，仍然要繼續唸誦達數天之久。唸誦工作可能由一位或者數位喇嘛同時進行，時間則可能會持續到喪禮之後的第十四天、第二十一天，甚或第四十九天。至於持續的天數，則都是以七這個神聖數字的倍數為據。

從另一個觀點來看，《西藏度亡經》是一首為逝者靈魂而唱的輓歌，然而其目的是要引導靈魂超越所有的天國世界，進入解脫的涅槃(nirvana)境界。事實上，閱讀這本伊文思・恩慈稱之為「大乘佛教首要教義的摘要性說明」的最佳時機，就是在我們還活著的時候。如果一個人能夠切實做到這一點，那麼當他處在死亡關頭，意識狀態發生變化之時聽到它，便能夠如提壺灌頂一般，立刻憶起這本書所宣示的教義，並且遵從它的引導。

置身於中陰，也就是能聽到世人聲音這段期間的長短，是因人而異的，端賴死者靈魂的進化程度而定。舉例而言，一位修行深厚的瑜伽師父，其處於中陰身的時間可能僅僅需要數分鐘而已，然後，他就會依其修行狀況而定，進入另一個新的境界。但是一個有所執著的靈魂，則可能要待在這一個階段很長的一段時間。

根據書中所說的，剛剛死亡的人，一度會看到一連串只有自己才看得到的鮮活影像。這些看來栩栩如生的影像，其實是一種源於個人意識內容的私人夢境。剛開始的時候，這些景致都是非常怡人的，然後就會變得非常的恐怖。然而不論它是誘人的，或是嚇人的，其實都不過是陷阱而已。它們都會誘使當事人，使他陷入一個應當極力避免踏入的現象世界。

《西藏度亡經》這本書的內容，是要告訴那些不具有形體的人，如何去因應每一種不同情境。它不斷的向逝者保證，他所看到的景象，都只是自己的意識所想像出來的，並非是真實的。喇嘛的聲音始終在請求著靈魂，要注意那道在各個景象後面出現的光，也就是那道「真空明光」(Clear Light of the Void)。這道明光才是真正的實有。若集中心力於此，不要理會其他所發生的一切，那麼這位逝去的人便能夠獲得解脫。事實上，死亡的片刻為意識帶來了極大的改變，是一個人修行的最佳時機。在達成精神發展的目的，也就是解脫這件事上，這是一個比任何時候都容易達成的機會。但是，靈魂一定要聽從指引才有可能做到，否則它就會再度迷失在現象世界當中。

閱讀《西藏度亡經》這本書的人們必需要了解一件事，那就是並非每一位死者，都一定會看到書中所描述的景象。因為這裡所描繪的景象，是出自於西藏人的意識內容。由於一個人的心靈狀態，是根據他生活中的所思、所感與信仰而定的，因此死後立即出現在死者面前的影像內容，也是因此而定的。

亞歷山卓・大衛尼爾(Alexandra David-Neel)是法國的一位東方事務專家，她曾經在西藏待了好多年的時間，並且對於那個國家所盛行的瑜伽和神秘主義等，皆多有著墨，我們在她身後出版的報導當中，找到了一篇她和達賴喇嘛之間相當有趣的對話。這篇對話當中，有一部分就是在談論中陰這個主題，以及在此時會看見些什麼的問題。

「那些信仰耶穌的基督徒們，死後也同樣會進入中陰狀態嗎？」她問。

「當然。」

「但是他們並不信仰喇嘛教，也不相信轉世之說，或是《中陰得度》這本書中所寫的任何內容呀！」

「他們仍然會進入中陰境界。但是在那裡，他們所看到的將會是耶穌、天使、天堂、地獄和類似於這些的景象。在意識投射出來的影像當中，他們將會看到自己曾經接受指導，並且對之深信不移的所有內容。他們將會看到一些在某種情況之下，會令他們感到害怕的景象，例如，最後的審判和地獄的痛苦等。他們在這段夢境之旅當中，所看到和經歷到的一切，和西藏人所遇到的內容是有所不同的。但基本上，它們都是相同的。個人在世時所積存的心理印象，此時將會以具體的形式呈現出來。因此，不論是西藏人、基督徒、或是其他不具有形體的存有，都會看到這些好像是真實事件一般的景象。」

因此，一個人死後所看到的景象，有相當大的成份是出自於他所處的團體文化，另外有一些部分，則是源自於他在世時對此一文化所抱持的態度。

這裡所說的死後見到某種影像的部分，和研究瀕死經驗的研究人員們所發現到的，病人眼前會掠過此生所發生的種種事情，其內容是非常相似的。然而，中陰身所看見的景象，卻遠比瀕死經驗中所看見的事件，更能戲劇性的反應出此人的心靈和情感生命。

西藏教義所顯示出來的是，靈魂如何觀察這些死後出現的影像，以及如何加以應對的重要性。他是在觀看自己此生思想的影像，同時還要非常努力的超越這幅影像，進入一個更高的境界。關於這一點，本書擁有非常詳盡的記載，並且盡一切可能的，在這個面對真理的時刻協助靈魂。

這本書告訴靈魂的第一件事，就是在這個過渡時期裡，他將會看到真空明光。這道神光，是太陽、月亮和星星等所有次級亮光的來源。由於它是如此的明亮和具有強大的力量，因此，靈魂有可能會因為懾服於它以致畏縮不前。甚至於，由於他還保有著生前的習性和喜好，而這些也都會將他帶離此一純淨的精神境界。他也許會覺得，這道明光和他的本質是沒有什麼關聯的。

但是，如果靈魂在生前就接受過充分的精神性訓練，那麼他就會明白這道明光乃是神的真正實體。在認知明光實相之後，在緊接著的這個生命的交合點上，他必須盡全力去和明光合而為一，並由此登上「逕直大道」(Great Straight Upward Path)。如此，他即能不入中陰境而得解脫。

撰寫此書的古代西藏瑜伽大師們，十分清楚只有非常少數的靈魂，能夠在死後立即就和神合而為一。因此，他們設計了這本書來幫助人們，使靈魂能夠進一步的通過中陰夢境中的事件。例如，他們對靈魂提出忠告說，無論他生前所奉行的是何種風俗，要憶起並複誦之。大師們懇求靈魂說，最重要的就是心中要懷有愛和慈悲。他們不斷的提醒著靈魂說，他實際上是明光的一部分，並不屬於現象世界。「你自己的這個光明晃耀、其本性空，與光明大身(the Great Body of Radiance)不可分離的淨識，既沒有生，也沒有死，即是無量光(the Immutable Light)。」（譯文部分採用天華出版之《西藏度亡經》——譯者按）

這段譯文是對靈魂解釋說，他所感覺到、或也許還帶著些畏懼的虛空，並不是真正的空無。雖然從現象上來看，它是什麼都沒有，但在實質上，它是圓滿俱足的。它是萬事萬物的最終原因。

有些人並不一定非等到死亡來臨的時候，才看得到這道神光，他們往往能在有生之年，有幸一睹神光的出現。他們說，這道神光是「無限的」，既「清明」又「無色」，比陽光要更為明亮光耀，並且還含蘊著幸福、愛與寧靜祥和的感覺。

大部分曾有過瀕臨死亡經驗，但卻僥倖存活下來的人都說過，他們曾看到並感受到這道不具有形式，但卻又是某種存有化身的慈愛明光。雖然如此，我的一位朋友卻對這道光的外觀，特別感到記憶深刻。為了要描述，或者只是嘗試去加以描述，他說：「那就好像是我正由內去觀看生命的本身一樣。它沒有形式，是完全超越於時間之外的。我似乎有點像是大海中的微粒一樣。我只能說，那不是一種虛空；那是一種『真空』。它是一種沛然躍動的生命。」

在無法理解與缺乏精神訓練的情況之下，靈魂差不多可以由這一個無限光華之物這裡，獲得到慰藉，並且會受到環繞於它周邊的事物的吸引，而首先出現於其眼前的，就是世俗的一切景象。靈魂會在近距離的情況之下，看到自己的親朋好友們悲傷的眼神、悽然與哭泣的神情。然而由於他依然具有著形體（星靈體），因此會對此一景象感到十分的迷惑。他會和房間之內的朋友們交談，但他們卻彷彿沒有聽見，也沒有任何的回應。雖然如此，他卻可以聽到他們彼此之間的交談，也可以聽到喇嘛唱誦著《中陰得度》的聲音。如果他注意到喇嘛所唸誦的內容的話，他會發現到那個聲音是在引導他，也許正告訴他，現在應當冥想他生前所禮拜之神，因為那正是他的守護神。而他一定不可以為周遭的任何事物而分心，應當要專心一意的注意於他自己的守護神，並且要深切的祈禱尋求解脫。

這個唱誦的聲音告訴靈魂，如果他在生前曾經和精神實體有過接觸的話，那麼他現在應當了解，自己現在正在全然的體驗它。由於此時他仍然處於一種心理平衡的狀態之下，因此令他明白這一點是相當重要的一件事。因為很快的，這種平衡的狀態將會有所改變，而他的潛意識心靈，也將會以排山倒海之勢陸續的投射出來。這將會使他和神融合為一的工作，變得倍加的困難。因此，現在他必須繼續將心力完全集中於那道光，並且朝著它的方向而去。

由於大多數人都無法在辭世初期便遵從喇嘛的指導，因此業力所帶來的幻影，也就是夢境，很快的就會開始出現了。首先，這些幻象是以西藏人稱之為「喜樂部諸尊」(peaceful deities)的形式出現。根據書中所言，這些都是來自於一個人的心靈深處，是來自於他的愛、情感以及相關情緒的中心。它們是一些美麗、多彩，並且幸福的夢境影像，當然，對於做夢者而言，似乎也是非常真實的。

在此，詳細描述西藏的中陰身影像，並不會具有任何的寓義，因為對於具有其他文化背景的人而言，這些內容將不會具有任何的含義。因此，如果有人想要知道這方面的詳情，就得自己去閱讀《西藏度亡經》這本書。

然而西藏的喇嘛告訴我們說，不論任何人在死亡的狀態之下，立即看到的形象是什麼，重要的是我們必須要記住，它們都不過是夢而已。唯一真實的，只有那道閃耀於夢境身後，並且穿透夢境的明光。

雖然如此，在夢境上演之時，這道明光會隨之呈現出不同的顏色：藍、白、黃、綠或是紅色的。但不論光的顏色為何，卻總是明亮而且純淨的，因為它就是實相。

喇嘛的聲音告訴逝者，這些快樂的夢境實際上都是些陷阱。它們會將他誘離，並阻止他完成存在的目的。他必須無時或忘自己所看到的一切都是假相。伴隨著每一場連續的夢境影像，他也將會開始看到其他的光。這都是些較暗、較不清淨的光，但也因為這樣，這些光對於那些由於欲望、以及執著於感覺存在，而至心猿意馬的人而言，往往更具有誘惑性。

雖然如此，靈魂仍應當盡全力抗拒這些錯誤而迷人的光線的引誘，因為它們通向許多死後世界當中的某處，或是通向快速投胎轉世的道路。因此靈魂應當熱切而謙卑的祈禱，並專心致志於光明、清淨的真實明光。只要能秉此而為，則必能與萬化的來源融合為一，並且獲得真正的解脫。上述的訊息，在喇嘛的唸誦當中，將一直不斷的重複著。

這種美麗而令人感到迷惑的夢境，會持續進行一段時間，然後影像就會整個的改觀。此時，西藏人所說的「忿怒部諸尊」(wrathful deities)就會開始出現，而這些影像是非常恐怖的。但再一次的，靈魂必須謹記，自己眼前所見皆為幻象。因為這些景像，只不過是他自己心靈首善區域的投射而已。靈魂會被告知，深入一點來看，忿怒部諸尊的駭人樣子，其實不過是前面喜樂部諸尊的另一個面相而已。這就好像屬於精神性心靈層面的愛和寧靜，轉化為智性心理層面的恨和衝突一樣。心靈活動職掌統合，但心理活動則會產生分裂。

如果死者的靈魂，能夠克服此一階段所帶來的害怕與恐懼，並認證這些景象的本質為何，那麼，這也將會是由現象世界中解脫出來的大好良機。但是他必須盡全力面對這項威脅，而不是採取逃避的態度，是要認清它的夢幻本質，並專心一意的迎向影像後面的明光。如果在這段恐怖噩夢期中，靈魂能完全按照上述指引去做的話，那麼他就能很快的覺悟到極樂世界。

《西藏度亡經》中的睿智建議，對於所有的人類而言，都具有非凡的價值。因為在各種文化的傳統教義當中，凡有關於死後境界的描述，其中都一定會出現駭人而具有敵意的人物。人們必須認清的是，這些出現於死者靈魂前的思想形式，都僅僅是些「構作夢境的材料」而已。只要能按此如實的去做，我們就能脫離自身意識形態中固有的業力，並因此而得以悟道。

對於為數眾多，無法按照喇嘛所言去做的人而言，隨著個人噩夢階段而來的，將會是一場審判活動。這一點可以說是《聖經》、《可蘭經》、《埃及度亡經》、斯維登堡、柏拉圖(Plato)、秘教，以及現代心靈研究等宣揚的教義之中，一項共通的特性。只是由於文化的不同，以及個人對於精神事務方面的理解有異，因此，審判的性質和象徵性意義會有所出入而已。然而其目的則是完全相同的，那就是靈魂未來的命運，及其未來的進化。

在藏文的譯文當中，象徵著靈魂的回顧活動的，就是那面所謂的「業鏡」(Mirror of Karma)。這面鏡子會將隱藏於一個人生命之內的所有內容，在神的仲裁之前加以公開。然而誠如心靈研究所證實的，西藏經文中亦指出，事實上，這項活動象徵著一種徹底的自我回顧。喇嘛唸誦的聲音不斷的告誡著靈魂，他所看到的一切事物，都內在於自己，那些可怕情節中的人物，也都是自己心理活動的投射。實際上，此時每個人的神性自我正針對著自己的人格表現，進行著審察與褒貶的工作。至於回顧的內容，則僅限於最近一世裏的生命表現。

接著審判活動之後進行的，就是靈魂要為自己過往的不當言行，接受懲罰並忍受痛苦。這是業力所定，無法改變的過程，同時也是學習進化的一部分。然而，即使是處在這後面的階段，靈魂依然有超越受制於業力的機會。就如同今日的賽巴巴所說的，經由臣服於神，一個人的業力是可以去除的。❷

靈魂現正接受喇嘛的指示，冥想著大慈大悲的神，或者，如果喜歡的話，亦可冥想他自己的守護神，並且向祂祈禱。熱切的祈禱、奉獻，並且臣服於神的行為，將能幫助靈魂超越

---

❷ 根據通神學所言，業力雖然可以因後來的行為表現而稍有變化，並且也會因個人因應態度的不同，而有轉圜的餘地，但卻是無法完全抹去的。

自己的業力命運。

即使這類精神性的努力，仍無法使靈魂得到解脫，但卻足以使他避免墮入悲慘的地獄境界，或者不致很快又不幸的轉世投胎。要做到這一點，靈魂必須對於重返於世，或到任何一個令人望之怯步的世間，都懷抱著強烈的反感。他必須渴望天堂的生活，並且集中所有心力於達成此一目的。很顯然的，即使現在，也就是在靈魂即將轉世的命運已然決定之前，其渴望解脫和此一意願的強度，仍能在祈禱的協助之下，在解脫的路上扮演著一個重要的角色。

雖然喇嘛們不斷提供全面的協助與忠告，然而仍有許多的靈魂無法從中獲得利益。這也許是因為他們過於無知，也許是他們無法聽到或理解喇嘛的指引，也或許是他們的感官欲望太過於強烈的緣故，以致使他們從明光之中脫逃了出來。這些靈魂或墮入死後首先出現的歡快夢境之中；或被接著出現的噩夢景象嚇得肝膽俱裂，並企圖由似乎是復仇女神(Furies)所展開的威脅當中脫逃出來。然而事實上，這些不過是靈魂自己潛意識當中的恐懼，以及罪惡的情結罷了。

他們可能會為了要逃避復仇女神的追捕，因而潛入大地(Mother Earth)的庇護所避難，進入任何一個不論是人、畜的待產子宮之內。因此可以這麼說，盲目的恐懼，是使得靈魂很快的又轉世投胎的一個因素。至於其他的原因，則尚包含了感官的欲望，以及對於塵世的眷戀等。

然而不論其動機為何，在缺乏自我認識的情況之下草率的再生，並不是一件好事。它很可能會將靈魂引到一個無論在環境和條件上，都和地獄半斤八兩，不相上下的地方。

因此，西藏喇嘛對靈魂提出忠告說，要等待、謹慎，小心的選擇，並且要臆想一個能導向幸福生命的環境。因為其所選擇投生父母的財富和地位，並不能保證子孫一定能過著自強不息，並且有益於性靈的生活。相反的，如果靈魂能選擇一個具有高尚精神價值的家庭出生，那麼將能在他通往生命真正目標的路上，提供良好的機會。但如果可以投生的上選家庭都已經被搶先佔去，而自己投生的時辰又即將來臨時，那麼在你進入下一世母親的子宮內時，要祈求上蒼賜福給你的父母。喇嘛的這項建議，不但適用於以中陰身的狀態再生，對於那些由其他死後境界轉世的靈魂而言，也是一樣的受用。

如果個別靈魂沒有很快的就轉世投胎，或進入死後的某個天國或地獄境界，那麼他就難免要在中陰身這個轉換世界當中，停留一段時間。即使他已經由自己的噩夢之中醒悟，接下來，他仍有可能會看到一些可怕的景象，並聽到恐怖的聲音。然而這些仍是幻影，其內容只是反應出靈魂在世時的惡行。邪惡、殘酷以及自私自利的生活方式，創造出了這類不愉快的幻影，同時也使得他認為，自己遇見的所有中陰身，都是他的敵人。

另一方面，那些在世時行善積德的人，則能夠在較高的中陰世界裡享受極樂，並且過著非常幸福的生活。若根據通神學的分類，這些地方很明顯的，是和星靈層之下的某些區域完全的一致。靈魂們會發現到，在這裡，自己不但擁有前所未有的力量，同時更可以運用思想完成不可思議的奇蹟。就如同其他來源的神秘知識所描寫的，《西藏度亡經》中解釋說，處於這些境界的靈魂們，不但擁有能穿越人間固體物質的軀體，同時除了藉助思想為推進力之外，不需要任何的力量，即可在瞬間任意的來去。圍繞在他們四周的，都是些和自己具有相同興趣，並且知識水準相當的人們，他們之間是藉由心電感應來進行溝通的。

由這個區域所散發出來的光，並不是來自於太陽或月亮的光，而是散發於地球以外，充滿整個宇宙的星靈之光。它十分類似地球上黎明及薄暮時的微光，然而對那些羈留於此，目力敏銳的靈魂們而言，這樣微弱的光線卻已經是綽綽有餘了。

星靈層的生活是輕鬆而愉快的，因此有些人便想無限期的待在這裡。另一些人則將此地錯認為永恆的存在，並且認為事實上，這就是唯一的精神世界。

然而《中陰得度》這本書卻提出建言說，不論存在狀態是歡愉的、痛苦的或是不好也不壞的，靈魂都不應當視此為真實不妄。他必須明白，這些只不過是集體心靈所創造出來的幻象而已。因此他應當冥想著慈悲而唯一的神，或是他自己的守護神，並且不斷傾注全力的朝向超越現象之上的實相前進。

也許我們可以這麼說，在《度亡經》中所發現到的藏教本質即是：對大多數的人而言，死亡剎那所經驗到的種種，不過是在狀況生變的情形之下，塵世生命的一種延續而已。然而不論是中陰身、天國、地獄，或其他的各種死後境界，它們都像人世一樣，不過是存有物的幻象而已，並不具有實性。因此最後，我們可以下一個結論說，所有看起來似乎是真實不妄的現象系統，實際上都是不存在的。至於造成這些現象，以及我們存在於這些現象的原因，則是由於欲望、對於感覺的渴望、業力傾向、我們極為有限的意識和感官所形成的錯誤，以及因此而扭曲的心理觀點等所創造出來的。這種種有限的因素，都或多或少的作用於所有的境界當中，不論它是屬於物理的、或是心靈的世界。

開悟、或者全知的境界，都是出於體認到所有現象存在的虛幻本質而產生的。這類的真知卓見，也許可以在人世間達成；事實上，人類誕生的目的，就是要為了獲得這項認知。對於那些未能達成此項目標的人而言，這一本為臨終和已經過世之人所寫的藏文書籍，不但為聆聽此書的人，也為我們提供了另一個絕佳的機會，使我們能夠在死亡之際依然存有。也許，這就是死亡最偉大的價值；它是綿延不斷的意識列車，由塵世轉進到下一段旅程之時，當中的一個空檔和接泊點。在它踏上那些新的行進路線，並全神貫注於下一段夢境之旅中的景致之前，會有一段休息的時間，那時，所有的夢的旅程都可以被拋諸腦後，而靈魂也可以朝著燦爛的神光上升。如果錯失了這個機會，在中陰境或其他靈魂將要前往的境界當中，靈魂依然有達到解悟的可能。

要想在任何一個地方得到解悟的基本要件，就是要訓練控制自己思想的發展，並且能全神貫注於一心。這樣的一種訓練，最好是在有生之年追隨一位得道的高僧、或是師尊的引導進行。

在得到最後的解脫之前，靈魂由死後的各種境界，無論是中陰境、天國或地獄境當中的某處再生於塵世的情況，將是無可避免的。它會不斷的輪迴於死生交替之間，直到自己獲得解脫，也就是去到一個超越所有天國、地獄和人間，充滿永恆幸福狀態的精神世界為止。

引導生者、臨終之人以及死者，快速達到一個所有人類都希望獲得的幸福和神聖之境，無論他是清楚的意識到、或是在潛意識之中如此希望，這就是《西藏度亡經》這本書的崇高的目的。

§第八章§

結論

現在我們必須自問，這些經由廣泛充斥在地理、歷史以及史前歷史當中的觀點，所提供給我們的這麼多證明，它們到底是贊同、或者不贊同些什麼。對於死後的生命這一點，有沒有什麼好的例證足以說明的呢？如果有，那麼和我們目前所知的生命比較起來，它又是一種什麼樣形態的生命呢？

所有來自宗教、精神哲學和神秘傳統的教義，都抱持著同一個觀點，一個屬於生命的觀點，那就是死後猶有生命。這項事實同為心靈研究組織之內、或組織之外的研究證據所支持，雖然大多數的研究人員們都同意，它是無法經由現代科學的嚴謹方法加以證實的。

然而，這項證明顯然是勢不可擋的。那些一味拒絕接受另有生命超越死亡而存在的概念的人們，若不是懷有偏見，就是全然依賴我們的外在感官，然而眾所周知的是，外在感官對於較為深刻的生命問題而言，是不適用並且容易令人產生誤解的。這些感覺官能就好像是馬的眼罩一樣，雖然能將馬的視野集中，但同時也限制了它的視覺範圍。

此外，在人們死後所看到的景象當中，有一些特徵顯然是大多數的證據所共同具有的。其中之一就是，在死亡之後，我們仍將擁有和生前一模一樣的形貌。正因為我們擁有另一個似乎是一模一樣的身體，因此並不會注意到已然失去了肉體。也因為由此世轉接到彼世的過程，是快速而沒有痛苦的，因此我們會發現到，要體認自己是一名「死者」，並非是一件容易的事。

另一項同意有死後生命的看法則是，在死亡之後，我們會立刻、或是在很短的時間之內，遇到某位作家所說的「義務的守護神」，他的工作就是要幫助我們瞭解自己的處境，並引導我們直接前往目的地。這些協助我們的人，也許是我們已經「過世」的某位親友、一位尚在人世的精神導師，或是在我們所處的文化當中，某位偉大的宗教人物。

在所有的證明當中，另一項共同的特色是神的審判。研究現代心靈科學的人們，和古代的智慧寶典一樣，都認為這是一項自我的審判活動。我們每一個人的自我，都和神是為一體，因此由這一個角度來看，它又可以稱之為神的審判。有部分的人們在審判活動的情境當中，會經驗到另有一位審判的人物。至於其他的人則會發現到，是他們自己的神性自我，在審判個別自我在最近一世生命當中的所做所為。

無論審判活動是以什麼樣的方式來進行，對於大多數的人們而言，它都將會是一場痛苦的經驗。看著過往種種生動的呈現在自己的眼前，我們難免會為自己過去的言行而深有悔意、悲傷，或感到矛盾不已。雖然這是很痛苦的一件事，然而由一個更高、更具智慧的觀點來回顧自己的一生，卻是一項對我們很有助益的經驗。由此，我們可以學到一些對自己未來進展相當具有價值的課程。

由於過往言行上的一些缺失，無可避免的，在審判之後會有一段遭受痛苦責罰的時期。有一些苦難很可能必須在人世當中承受，至於在死後承受苦難的地方，則可能被稱之為地獄、較低的星靈層，或是其他的一些名字。對某些人而言，修習這些必須透過煉獄、或地獄狀態才能學習到的基本課程，很可能只需要很短的時間，但對於其他人而言，則往往需要好幾世紀的時間。然而這些證明，卻不利於那些相信靈魂將永遠處於痛苦當中的教義。

由此看來，斯維登堡認為人類是自己投身於地獄當中的說法，看來似乎是相當合理的。人類自身的愛好與欲望，不但在生前會使他們墮落，在死後也會將他們帶往地獄。他們將會一直待在那裡，直到領悟到不知節制的情感和欲望，雖能帶來空虛的幸福感受，卻也能帶來更深重的痛苦與磨難為止。而經過痛苦的磨難淨化之後，靈魂將會呈現出更完美的存有狀態。

各種不同的教義同時也指出，有所謂天堂的存在。而各項研究結果也都支持這樣的概念，因為，雖然通靈活動的溝通對象通常是來自於星靈層，然而大部分的陰界溝通者都明白，在其所處境界之上，仍有其他精神境界更高的領域存在。他們並且期望自己能在適當的時機裡，前往那些更高的領域。人們總是這麼說，在喜樂的天國之中，你將會因為自己在人世的佳言善行，而得享幸福的生活。

然而在我們所熟知的這些天國當中，依然存在著不同的層次和區域。人們各依其在世生活、以及靈魂的進展狀態的不同，也許能在這許多「天堂華宅」之中的某處，待上很短的一段時間，或是依我們的計算單位而言，待上幾千年的時間。然而在那些區域中，時間的長短，是較諸其他地方更具有心理特質的，因此我們無從知道，對於天國子民而言，究竟是多長的一段時間。但是除了進展到第七層、或是最高天國境界的靈魂之外，沒有一個人會永遠停留在天國的。當耶穌論及天國的永恆時，毫無疑問的，他是意指那個最高的天國境界，也就是有些師尊所說的「超越天國之外的地方」。

在星靈層和天國這些無可名狀的世界當中，人們通常會依其本性而從事某些創造性的工作。但他們並不像我們一樣是為了糊口而工作，而是他們的本性通常會使其繼續從事於那些工作。在這裡，我們有時候會在沒有任何脅迫之下，只為喜好某項工作而工作，我們稱之為嗜好。也許，他們也是這樣看待自己所從事的一切活動。

所有的結論都指出，靈魂只要能拋棄掉濁重身體所帶來的限制，便能夠擁有提昇自己的偉大力量。這些只要處於星靈、心靈等微妙世界，便自然能夠具有的能力，包括了心電感應、陰陽眼、能迅速的由甲地移到乙地的能力，以及能以思想任意改變自己外在形態的能力等等。在人間，我們運用思想、意志，再加上肌肉和機械的力量，也做著同樣的事。但在那裡，這種事情則僅需藉助意識的力量即可完成。因此，肌肉和機械的力量就不再成為必要的了，而且，靈魂也不再需要為著食衣住行等需求而工作。

雖然如此，由這些心靈探索的報告之中，我們仍然摘錄出一些不一樣的內容。這些不一致的地方，主要是集中在死後境界的區分上。如通神學家將它分為兩大主要部分，每一部分再細分為七個區域。玫瑰十字教則說有十二處的「華宅」。思維登堡則表示自己看到了三個境界，每一個境界再區分為三個區域。印度教則指出，在靈魂和梵天合而為一之前，靈魂是存在於十四個主要的星層。而在每一個星層當中，又有著許多不同的領域。羅馬天主教徒們指稱有三大死後的境地，而新教徒們則認為只有兩個，即天國和地獄。

這些區分所依據的資料，有兩大主要的來源，那就是具有陰陽眼能力的人，以及不具形體的精神體。前者由於人類意識的特性，以及有形的心靈感官的限制，因此最多只能對這片廣大而複雜的領域做浮光掠影的一瞥。他們是根據自己的理解，對於所見到的一切加以區分的，因此往往受到許多條件的限定。例如，由於陰陽眼的能力有高下之分，因此，其所洞悉的真象便會有深度上的不同，而由於文化背景的相異，因此，對於這片領土中各個不同區域所做的區分，也會具有某些差異。甚至於，區域和區域之間並沒有清晰而明確的區分（對於這一點，所有的資料來源都深表同意），這項事實，也使得區分的工作容易產生歧異性。

此外，我們透過靈媒所接觸到的精神體，也並不能對這片死亡禁地有全面的瞭解。每一位精神體都是以自己的處境為據，來提供我們訊息的。通常，這些訊息是來自於星靈層中較低的、或者是中間的區域。這一類的心靈報導者，一般而言，都知道在他們所居住的領域之上，有其他領域的存在，但是他們卻不知道究竟有多少，或是那裡的生命形態表現如何。

進一步來看，即使和我們進行溝通活動的，是來自比星靈層更高層次的精神體，然而為利於與靈媒進行溝通，在溝通活動進行當中，他的心靈波動的頻率也必須降低。這樣所形成的結果，是使得他所擁有的知識，大多無法經由振動頻率較低的意識傳達給我們。因此，無論這位精神體所擁有的知識內容為何，結果會是，對於這片不為人知的國土，他依然無法提供給我們一個足以理解的圖像。

因此，這些由於種種原因所造成的區分上的不同，我們可以完全不去加以理會。這就好比早期繪製的地圖上，對於所知有限的各個地方的描繪，往往會呈現出許多差異一樣，死亡境地區分工作上所呈現出來的不同，也正顯示出這項探索活動的艱辛。

因此，雖然中陰身所處的「未知之地」的存在，就好像哥倫布發現美洲大陸一樣的可以確定，然而其中仍然存在著許多神秘難解之處。時間和那些開拓先鋒們持續不斷的努力，也許會使情況有所改變，並且能拓展這片領域。而對於這個所有人類都將面對的地方，但願我們也能有更多的認知。然而無疑的，有些謎團也只有留待永恆來加以解決。套句聖徒保羅的話來說，我們人類的意識，就好像是隔著暗沉的玻璃來看東西一樣，對於這片死亡國土的瞭解，最終也只能如霧裡看花一樣的看不真切。

因此，在我們跨越生死界線之時，應當盡量對此一問題保持開放的心靈。因為抱持既定的想法來看待這些事情，是相當危險的一件事。對於某些事情過於堅信的結果，是會使得人們在死後進入其所信仰的存在領域。例如，那些對於傳統所說的天國和地獄，抱持著堅定信仰的人們，將會進入天國和地獄等思想形式的境界當中，並在那裡生活一段時間。然而他們所見的幻境將會逐漸的消失，而實相當中的星靈系統的原樣，也終將會呈現出來。

那些辭世時具有積極信仰、高度期望，並且思想並未僵化的人們，死後能擁有較為快樂的存在狀態。他們不會為著某些預期會發生的事情，而感到困擾不已，也不會因為自己的偏見和盲目的信仰，而變得固執不化。

的確，大多數的偉大精神領袖們，都很少、甚或不曾提過有關超越死亡之外存在的各種現象領域。對於這項問題，不但耶穌基督並沒有提過隻字片語，就連賽巴巴也不見得說得比祂更多。他們兩位都希望我們能由塵世的羈絆當中，直接跳往神性的自由。基督稱這樣的自由為永恆的天國；賽巴巴則稱之為涅槃，或是與神合一。兩者所說的，乃是同一件事情。

但是，雖然他們力勸許多人這麼做，但只有極少數的人能夠跨越鴻溝而達成目標。大多數的人則是在死亡之後，發現到自己身處於中介點當中的某個地方。因此，能擁有一本指南書籍，毋寧說是一件好事，因為無論如何，它總能大概的協助我們在這片國土之上，找到自己要走的路。當然，它也像許多指南書籍一樣，不但無法完全說明真相、忽略了許多細節的部分，同時有些證明還是錯誤的。但是，如果我們還記得它不過是一本指南書籍，是由有限的資料所描繪出來的，那麼我確信，它就一定會是具有實效的。

除了死後生命的實相之外，在眾多的證明當中，還有另一個觀點是為大家所同意的，那就是在世積善，死後便一定能到較高的境界去，並且也可以擁有一個幸福的來生。這一點是根據偉大的報償律(Law of Compensation)，也就是業律而來的。業律指出，要怎麼收穫先怎麼栽。如果我們所播下的，是怨恨、貪婪、自私的種籽，那麼接下來的生命當中，我們就一定會在某處，收穫到由這些種籽所帶來的大量痛苦。

換句話來說，如果我們能盡量按照自己天性中較為高尚的情操，也就是那些屬於愛、慈悲和無私等積極的情操生活，那麼我們便無需透過鬥爭與恐懼，就可以直接完成精神上的巨大超越。雖然接下來，也許仍會經歷一段死後的淨化階段，然而我們將能很快的達到較高的、充滿著幸福與快樂的境界。

在人世過著良善的生活，壽終正寢，接著在天國過著幸福的日子，這一連串的過程就好像公式一樣，是真實而富有價值的。但仍然有一些更好，並且尚待努力之處。正統的宗教雖然為道德和倫理規範等，設立了很好的標準，卻並未對人類透露出生命的真正目的、或是正確的目標是什麼。它們所設立的最高目標，就是要達到天國之類的境界，而生活的主要目的，也就是為達此一目的而努力。我們甚至可以這麼說，西方的宗教和哲學，並未能引導我們清楚的辨識出真實和虛幻之間、永恆精神和可朽肉體之間，其真正的分別之處在那裡。事實上，有些哲學家們，或甚至於有部分的宗教家們，曾告訴人們肉體乃唯一的實體。

我以為西方的宗教思想，需要注入吠檀多或瑜伽哲學的內容，來拓展其理解內容的廣度和深度。這類哲學思想的高度實用價值，可以同時由偉大的瑜伽大師，以及聖人們的生前和死亡的情形得知。由於完全了悟肉體只是短暫的外衣，而真我是不會被毀滅的，因此，他們生前過得快樂而圓滿。他們盡全力捨棄那些會隨著時間而消逝的財富和名利，並朝向生命的最高目標，也就是永遠與神合一的方向而努力。

他們明白什麼時候自己的大限將至，那時，他們會自發而且有意識的將自己的軀殼褪去。這是一種深具理想性的死亡方式。當死亡降臨時，他們不但沒有恐懼與掙扎，不會身受疾病纏身之苦，並且能夠坦然的等待著那未知的一刻。所有的瑜伽大師們都知道，自己離世的時間什麼時候到來。他們也許會示意一兩位門徒隨侍在前，觀察這整個事件的進行，並且在關鍵的時刻，提供棄世時必要的協助。這個事件當中唯一存在的一絲悲傷氣息，是來自於門徒們，因為他們日後將無法再隨侍師父的跟前。雖然如此，他們卻明白師父依然存在，並且會在必要的時候，由另一存在領域引導並協助他們。

有些偉大的瑜伽大師和聖人們在真正死亡之前，會脫離自己的身體好幾次，其目的乃是要向弟子們說明，肉體不過是靈魂暫時的居所。這樣的情形可能會持續數小時、或數天之久。

舉例而言，賽巴巴住在印度的修德希(Shirdi)當地修行時，曾打算離開自己的肉體三天。那一年是西元一八八六年，而當時的他只有一位身為村中金匠，名叫巴格特・瑪哈薩巴提(Bhagat Mahalsapathy)的門徒。賽巴巴對他說：「巴格特，看守這個身體三天。我要到大神那裡去。如果我沒能回來，那麼將它火化在聖樹附近。」

賽巴巴離開了他的肉體，而他的門徒則看守著他的身體。當包括了村中長老在內的官員們前來察看，並認定他已經死亡，希望大家能將之火化時，瑪哈薩巴提在眾人的協助之下，堅決的反對這項提議。他們一直堅持了三天，直到賽巴巴又醒轉過來。他在醒來之後，又活了三十二年之久，直到西元一九一八年那個神聖的時刻到來，他才脫離那副特殊的肉體。

賽巴巴是那些完全由現象世界的束縛當中解脫出來，屬於最高神性，但卻由於同情世人靈魂的深受束縛，因此留下來引導人們的偉大人物之一。我曾問過賽巴巴，他一九一八年在修德希棄世，一直到西元一九二六才又在普達巴帝(Puttaparthi)換上另一具肉身，這八年之間他人在哪裡，又都做了些什麼事?他回答我說：「我就在人間附近，做著我現在做的工作，也就是幫助人們。」

他確實曾換了一具肉體，並說過他最後將會再換第三具肉身，以便完成他的工作。這項事實指出了，若要以神性的力量來幫助凡人，這些協助人類的存有物，仍必須要有一副屬於塵世的肉身。

我們由這類偉大人物的生平，所學習到的一項課題是，我們應當將視野擴大到天國領域之上，在天國裡，「幸福的景物亦如幻影一般，是不值得一顧的」。

透過正確的學習、過著正當的生活、祈禱並且冥想，我們可以穩健的踏上精神的道路，這是一條可以引導我們超越天國，到達無處可尋、卻又無所不在的永恆大地的途徑，這是一條通往屬於我們自身存有的神性大地的路。

生死學叢書書目

揮別癌症的夢魘

羽生富士夫／著
何月華／譯

癌症是現代人健康的頭號殺手，您對癌症認識多少？癌症等於絕症嗎？不幸罹患癌症的話，要如何面對死神的挑戰？具有「上帝之手」美譽的日本名醫，以他個人的切身經驗，懇切地告訴大家，以知識對抗癌症的重要，以及許多與癌症有關的預防、醫療等方面正確的觀念，是重視保健與生命品質的現代人必看的著作。

無生死之道

盛永宗興／著
郭敏俊／譯

面對人生的生老病死，您作何感想？對於世間一切的生生死死、死死生生，感到迷惑不解嗎？請聽日本著名禪師盛永宗興娓娓道來，以生活化、深入淺出的例子，帶領我們參透生與死的迷霧，體會「一期一會」、「遊戲三昧」的生命哲學，活在每一刻當下，生死將不再是人生痛苦的代名詞。

凝視死亡之心

岸本英夫／著
閻正宗／譯

本書是日本已故宗教學者岸本英夫與癌症搏鬥十年的心路歷程。當獲知罹癌，並被宣判只剩半年壽命後，他除了接受必要的手術治療外，也開始思索生命的本質，並陸續寫下手術前後，他在死亡威脅下的心理調適和哲理思考，他也因此將肉體生命從半年延長為十年。這其中艱苦的奮鬥歷程，句句珠璣，斑斑血淚，值得品味。

美國人與自殺

赫華德・庫虛諾／著
孟汶靜／譯

本書從心理、文化的角度探討美國人的自殺行為，並以十分具有啟發性的方式，陳述出過去三百年來西方社會對自殺行為的探索過程。作者成功地綜合了西方各學派分歧的自殺行為理論，而發展出一套嶄新且具有說服力的論點，在心理與歷史學界贏得極高的評價，對研究早期華人移民的自殺行為亦有助益。

宗教的死亡藝術

肯內斯・克拉瑪／著
方蕙玲／譯

本書以比較性、宗教性的方法，探討世界主要民族與宗教關於死亡、死亡的過程以及來生等等課題所採取的態度與做法。讀者將可發現，書中所列舉的每一項宗教傳統，都在指導它的實行者，不僅在死亡前，同時就在死亡的片刻裡，就能技巧地掌握死亡。死亡可說是一門牽涉到肉體死亡與再生經驗的宗教性藝術。

禪僧與癌共生

鈴木出版編輯部／編
徐明達
黃國清／譯

一位因罹患癌症而被宣告只剩三年生命的禪僧，如何活在癌症的病魔下，如何掌握人世間的生死，將餘生投注在什麼地方？本書即是與已故荒金天倫老和尚（日本臨濟宗方廣寺第九代管長）交往過的人，藉他們的證言撰集而成的報導文學，將老和尚以三年餘生充實為精神上三十年的生命風采，再度活現於紙上。

生與死的雙重變奏

齊格蒙・包曼／著
陳正國／譯

意識到必朽（死亡）與對不朽的追求，深深影響著人類的生命策略。人類社會建制與文化面向的型塑過程中，更存在著「解構」必朽與不朽的辯證和互動關係。而在「現代」和「後現代」社會，這種「解構」又出現了有別於「前現代」的許多變奏。且看包曼教授如何透過集體潛意識的心理分析，從不同角度詮釋「死亡社會學」。在必朽與不朽之間，您將重新認識現代人的社會與文化。

透視死亡

大衛・韓汀／著
孟汶靜／譯

本書所探討的論點，主要有下列幾點：一、在什麼樣的情況下，個體才算死亡？二、末期病人有沒有權利決定自己的生與死？三、器官捐贈能不能得到社會大眾的認同，進而成為一件普遍的事？作者以平鋪直敘的方法，為每一個論點作了總整理，提供讀者許多寶貴的資料與觀念，在臨終與死亡尊嚴等議題的探討上，能有進一步的認識。

看待死亡的心與佛教

田代俊孝／編
郭敏俊／譯

本書由八篇演講記錄構成，內容包括親人死亡的感受、個人的瀕死體驗、對死亡的心理準備、佛教的生死觀等，發表者有僧侶、主婦、文學家、醫師、佛教學者等不同人士，從各個角度探討死亡問題。正如主辦演講的日本「探討生死問題研究會」宗旨所示，如何在老、病、死的人生當中，正視死亡的事實，學習超越死亡的智慧，讓人生更加充實，是現代人的切身課題，值得大家一同來探討。

超自然經驗與靈魂不滅

卡爾・貝克／著
王靈康／譯

自古以來，人類對來生的想像便不曾中輟。「第六感生死戀」、「穿越陰陽界」等電影的風行，正反映現代人對轉世與投胎的濃厚興趣。但西方的唯物論和科學主義卻斥為迷信，到底孰是孰非？本書即在透過科學化的研究，深入探討死亡過程的異象與靈魂不滅的假設。顯像、附體、前世記憶、臨終體驗等現象是真是假？當生命結束後，人類某些「重要特質」會繼續存在嗎？本書有您想知道的答案。

超越死亡

霍華德・墨菲特／著
方蕙玲／譯

莎士比亞稱死亡為「未被發現的國土」，因為尚無人能像哥倫布發現新大陸一樣，在造訪該地之後回來向世人述說他的經歷。但自莎翁時代以降，有關這項古老秘密的研究工作，已有不一樣的風貌，本書即是其中的佼佼者。作者透過宗教、哲學、神秘主義以及經驗證明等比較觀點來檢視死亡，為我們揭開死後生命世界的奧秘。

生命的安寧

鈴木莊一等／著
徐雪蓉／譯

有別於一般病人，末期病人的醫療與照顧，需要我們投注更多的關懷與付出，才能幫助病人安寧地走完人生。本書六位作者分別站在醫療與宗教的角度，透過親身體驗，以「從初期護理看末期醫療與宗教」、「宗教對醫療之重要性」、「佛教福利與末期護理」、「日本療養院的宗教與醫療」為題，提出他們的看法，值得大家參考。

從癌症體驗的人生觀

田代俊孝／編
徐明達
黃國清／譯

當遭逢周圍親友身故，或曾經體驗死亡經驗時，對人生與事物的看法，將會有所改變，尤其有過癌症體驗的人更是如此。本書即是日本「探討生死問題研究會」以此為主題所收集的八篇演講實錄編輯而成。癌症雖可怕，卻也是生命的一大轉機。「向癌症學習」、「向死亡學習」，這樣的人生經驗，彌足珍貴。

心靈治療

佐佐木宏幹等／著
李玲瑜／譯

面對生死問題，人類的反應模式和其自身的「世界觀」有著密不可分的關係。自古以來，民俗宗教在醫療上所佔的地位，更是舉足經重。但在宗教與醫療各自分工的現代社會，這種現象是否依然存在？民俗宗教與現代醫療如何相輔相成？信仰與精神醫學有何互動關係？新興宗教在日本社會又扮演何種角色？這些在本書中都有深入而廣泛的探討。

死而後生

田代俊孝／編
吳村山／譯

為了充實自我的人生，也為了能與面臨死亡的人同其感受，一起超越死亡的痛苦，深入探討死與生，不是很重要嗎？秉持這個宗旨，日本「探討生死問題研究會」定期舉辦研討會，並將演講內容彙集刊行，本書即其成果之一。正視死亡，才能讓生命更加充實。由生而死，從死看生，正有待我們認真玩味思索。

生命的抉擇

藤井正雄等／著
陳玉華
李金玲／譯

器官移植牽涉的層面極廣，它與人們的生死觀、民俗宗教信仰和對遺體的看法都有密切的關係。而不管從宗教、醫療或法律的角度去探討，贊成與反對雙方皆持之有故，不易取得共識。這種情形在日本尤為明顯。本書即是日本「醫療與宗教協會」就此議題所收的四篇專論。對於此一攸關生命的抉擇，您有何看法？本書提供您許多思考方向。